BEGINNING INDONE
THROUGH SELF-INSTRL

BEGINNING INDONESIAN
THROUGH SELF-INSTRUCTION

John U. Wolff
Dede Oetomo
Daniel Fietkiewicz

Book 1
Preface
Instructions
Key
Glossary
Index

Cornell University, Southeast Asia Program, Ithaca, New York 14853

BEGINNING INDONESIAN THROUGH SELF-INSTRUCTION Book 1

By John U. Wolff, Dede Oetomo and Daniel Fietkiewicz
© 1984, 1986 and 1992 Cornell University.
Southeast Asia Program.
Series ISBN 0-87727-519-X
Vol. 1 ISBN 0-87727-529-7

PREFACE

These lessons are a series of self-instructional materials in Indonesian. They are meant to be worked through with a cassette tape recorder and periodic sessions with a native-speaking tutor in the course of a normal university acadmic year. The materials here are specifically designed for use by those who do not have available a structured course under the guidance of a linguist specialized in Indonesian. We have found, however, that these materials are also effective in classes which are organized and supervised by a trained linguist.

At the conclusion of these materials, students may procede with *Indonesian Readings, Indonesian Conversations,* and *Formal Indonesian.* The book *Indonesian Readings* may be begun before the students have completed all of the lessons in this series. However, we do not advise that the students be given any materials from *Indonesian Readings* nor from any other outside readings until they have gone through Chapter 19.

These self-instructional materials have been prepared under the auspices of The National Association for Self-Instructional Language Programs (NASILP), and the funding for their preparation was through a grant from the Office of Education to NASILP. Our deepest expressions of gratitude go to the officers of NASILP, especially Dr. John Means, who made this project possible, and the U.S. Department of Education for providing the grant. The Southeast Asia Program, Cornell University, provided support for final publication.

These materials have three authors. Daniel Fietkiewicz prepared or oversaw the preparation of most of the materials in Chapters 1 - 11 and Chapter 13. Dédé Oetomo prepared or oversaw the preparations for Chapters 12 and 14 - 25. John Wolff edited the entire work and supervised the preparation of the press copy. This work could not have been accomplished without the help of numerous personnel who prepared the rough drafts of the Indonesian texts and exercises. They were literally dozens in number, too many to mention by name. The final disks from which these materials were printed were prepared in large part by Robert Welsch and Kai-Yong Chiang. We owe a debt of gratitude to these people for their generous help.

Since these materials are printed from disks, it is possible to make alterations rapidly and easily, and it is our intention to publish a revised edition for the second printing. In order to help us locate rough spots or errors, we would appreciate input from the readership of this book. Please send your suggestions for corrections or revisions to John Wolff at the Southeast Asia Program, Cornell University, Ithaca, New York, 14853. Additional copies of these works may also be ordered from the Southeast Asia Program.

The cassettes which accompany these materials may be obtained from:

> The Language Laboratory
> 009 Morrill Hall
> Cornell University
> Ithaca, New York 14853
> (607) 255-0704

Purchasers should specify cassettes of the INW series.

JUW
DO
DF

June 1984
Ithaca, New York

PREFACE TO THE SECOND REVISED EDITION

In the course of classroom experience over the past two years a number of typographical errors and deficiencies have come to light. My thanks go to numerous students and colleagues who have pointed these out and enabled me to revise these materials.

February 1986
Ithaca, New York   JUW

PREFACE TO THE THIRD REVISED EDITION

The Third Edition makes few changes in the content of *Beginning Indonesian Through Self-Instruction.* However, a large number of minor revisions have been made to repair short-comings in the explanations or exercises, remove typographical errors, clarify the cross-references, and remove other impediments to maximal use of the materials. These minor changes can be found on almost every page. The materials have been entirely retyped using up-to-date software which allows a high degree of quality control. All new vocabulary introduced was tracked by a program written in FoxPro.

New audiocassettes were prepared in the Phonetics Laboratory of Cornell University to take into account all changes in the revised text and to provide a far better quality of recording than was previously available.

Support for updating and producing new audiocassettes was provided by a grant from the Consortium for Language Teaching and Learning. Cornell University provided additional support for publication of new written materials.

All the technology and support in the world would not have served to produce a new edition, however, without the patient and enthusiastic efforts of many individuals. The native speakers whose voices can be heard on the new tapes include Eka Budianta, Melani Budianta, Idrus Jus'at, Adriani Gazali, Yayu Malia, Jacki Rachman, Yuswandi Temenggung, Nurhayati Djamas, Nadjmuddin, Achmad Budiman, Hendros and Jetti Sankoyo, and Esti Aditjondro. Jason Laflamme, our sound technician, remained good-humored and dedicated throughout hours of gruelingly detailed work. Sarah Weiss provided sharp proofreading skills and a valuable perspective on the best way to present materials. Timothy Buehrer wrote the computer program that tracked new vocabulary. Achmad Budiman and Nona Pooroe patiently answered many questions.

The vast majority of the editing and supervision of recording was performed by Carol Walker. John Wolff oversaw the first stages of retyping. Basic editorial decisions were made jointly.

July 1992   JUW
Ithaca, New York   CSW

CONTENTS OF BOOKS 1, 2 AND 3

INSTRUCTIONS FOR USING THESE MATERIALS

Indonesian *(Bahasa Indónésia)* is the national language of the Republic of Indonesia. Indonesia is an archipelago in Southeast Asia, and consists of many thousands of islands of all sizes, the most important of which are Java (with most of the population), Sumatra, Kalimantan (Borneo), Sulawesi (Celebes), and Irian Jaya (Western New Guinea). Indonesia is, in terms of its population, the fourth largest nation in the world and has historically enjoyed an important geopolitical position. Interest in Indonesia is at present on the increase because of its important role in Southeast Asian politics and because of its wealth in oil and other natural resources.

Indonesian is based on Malay, the language used as the *lingua franca* of trade, commerce, and inter-area relations in the region for several centuries. Although standard Indonesian differs to some degree from standard Malay, the differences are no greater than those between American and British English, and the person who masters Indonesian would have no trouble at all communicating with people who define themselves as speakers of Malay (though, to be sure, his speech patterns would have a definite Indonesian flavor).

Indonesian is not the only language spoken in the Indonesian archipelago. There are hundreds of local dialects and languages also in use. These, however, are limited to particular localities and in general are used only between members of the same ethnic group. Most official communication (government pronouncements, magazines, newspapers, books, radio and TV programs, etc.) are in Indonesian. Indonesian is the official language of instruction in schools beginning in the first grade (or in some areas in the third grade). All educated Indonesians speak their national language (as well as perhaps their local language), and with a command of Indonesian one can travel to the remotest villages on the farthest-removed islands of the archipelago and still be able to make oneself understood. Also dialects of Indonesian are native languages in some parts of the nation.

Our goal in this course is for the student to gain a fundamental knowledge of the Indonesian language. Herein we do not present a specific dialect, but a fairly standard version of the language that would approximate the Indonesian spoken by an educated person living in a large city. Indonesian is a living, changing language, however, and it is under great influence from the local languages and dialects in Indonesia as well as other languages (notably English at present). Nowadays, it would be safe to say that standard Indonesian is being most strongly influenced by its Jakarta dialect and by forms originating in Javanese; thus, from time to time we include items which a native speaker of Indonesian would claim to originate from one of these two sources. In all cases, the Indonesian presented is of a type and includes items widely understood by Indonesian speakers throughout the archipelago.

The material covered in this course is good for twelve months of a self-instructional program. Students who have finished this course can fit in nicely into an advanced language course taught at one of the institutions in this country that offers Indonesian as an on-going program, or he can continue with self-study, using *Indonesian Readings*, and the other more advanced volumes in the series by John Wolff.

Outline of the course

This course is designed for students who wish to learn Indonesian but have the opportunity to meet only with a tutor (not a trained linguist) and then for only a few hours per week. Needless to say, in such a situation the responsibility of the student is even greater than it is in a normal language course, where trained instructors are readily available to give drills and provide explanations. Therefore, for this program to be a success, the student must be conscientious in his work and must follow the instructions given extremely carefully.

For convenience' sake, we will describe the working of this course under two subheadings: working by oneself, and working with the tutor.

A. Working by oneself

The emphasis and responsibility in this course is placed heavily on the student's own shoulders. Inadequate preparation for tutorials, improper study methods, and the like, will lead only to failure in the student's attempt to master Indonesian. We emphasize that the materials MUST be worked with the tapes to be effective. It is NOT sufficient to read the book and work through the materials that way. Without working everything with a cassette the materials will not sink in and the student will not have ear training and pronunciation guidance.

This book consists of a number of chapters, each of which is divided into a number of parts. On the average, it will take good students approximately three or four hours to work through each part of a chapter with the recording. Each chapter has between two and five parts centered around basic sentences and exercises, one part consisting of grammar, and one part consisting of exercises on that grammar.

In general, each part of a chapter consists of the following:

1. Basic sentences. They are to be memorized in the language lab, or at home with a cassette tape recorder. Instructions on how to memorize these sentences are included in the textbook and on the cassettes for the first few lessons. Follow the instructions carefully and do not skip any cassettes. If you follow this advice strictly, you will find yourself speaking Indonesian with a noticeably Indonesian accent in a short period of time. If you should memorize the sentences without listening to the cassette, for example, your Indonesian will invariably be American-accented and will probably even be unintelligible to Indonesians.

2. Cultural notes (included where relevant). These are provided to explain events which occur in the dialogue in their Indonesian cultural context. We feel that they are interesting, but even more than that, they are intended to provide you with cues and clues as to how to behave and act when you have the opportunity to visit Indonesia.

3. Questions. Listen to these on the cassette after you have mastered the Basic Sentences, and work them according to the instructions given. The questions are meant to reinforce your grasp and understanding of material already presented and to give you some practice in responding naturally to normal, spoken Indonesian. We print these questions, but you must listen to them on the cassette BEFORE you ever see them written. This is absolutely of the highest importance in developing your ear.

4. Multiple choice. These exercises are meant to sharpen your listening comprehension. Listen to the question, and then listen to the possible answers. Choose the response that is most appropriate. Again, these questions have been printed, but you are not to look at them. Listen to them on the cassette and work the exercise through BEFORE you ever look at the written version.

5. Pattern practices. These exercises are, in some way, the most important part of the program. Using common grammatical constructions in Indonesian and vocabulary with which you are already familiar, you will reinforce your knowledge of Indonesian patterns learned in the basic sentences and gain a great deal of versatility in your speech. Again these practices must be done with the books closed. Look at them, if you wish, only AFTER you have worked the exercises through.

6. Intonation and pronunciation exercises. These appear in the beginning chapters and again after Chapter 14. Follow the instructions on the cassette. These are important to your ability to make and hear Indonesian sounds correctly.

7. Grammar. These sections of the book are to be read and studied at home. Herein we explain essentials of Indonesian grammar in a way which, we hope, is easily understood by non-linguists. Information given in the grammar sections is reinforced in the exercises following them.

8. Conversation. This section is designed for listening comprehension practice. Play the conversation through twice, then answer the questions in the following section *true* or *false*. Do NOT look at the printed version of these until after you have done the exercise. You will negate the training and self-testing aspects of these exercises if you know what they say beforehand.

9. Grammar exercises. Additional exercises on grammar points are included after the grammar section in the text. Work these according to the instructions given.

10. Readings. These are given beginning with Chapter 14. These are accompanied by notes which explain difficult forms and review points of grammar. Do these readings at home. Listen to the questions on the tapes and work the pattern practices on the tapes with your books closed. The restatement exercises *(Pengungkapan Kembali)* can be prepared on your own, but should be worked together with a tutor. The composition exercises should be done at home and can be worked with reference to the reading text. They should be corrected by the tutor.

11. General. We emphasize the importance of using the cassettes to their full benefit. Listen carefully to the intonation and pronunciation given on the cassettes, and try to mimic the sounds you hear as closely as possible. Sometimes, they may seem strange to you, but you must realize that every language has its own particular system of sounds and intonations, and what we have presented on the tapes and in the exercises is normal, natural Indonesian. Follow the instructions provided for each lesson very carefully to derive the full benefit from the lessons and from your time.

B. Working with the tutor

Note that we call the person who speaks Indonesian with you your *tutor,* not your teacher. The tutor's function is to speak Indonesian, respond to your Indonesian and give you a person to interact with in Indonesian. Your tutor is not expected to know anything *about* Indonesian and he or she is typically forbidden to give any explanations. The explanations in the book cover what you have to know to speak at your level. (If you have a question for which the answer is not readily at hand, it will very likely be answered at a later point.)

Your tutor has three basic instructions:

1. Review with you, the student, the exercises as laid out below;

2. *Never* introduce a vocabulary item or grammatical construction which you, the student, have not yet learned from the text and cassettes; and

3. *Never* speak a word to you except in Indonesian.

If you have prepared your lesson properly and if your tutor is following his instructions, you should be able to understand anything he says to you. If he should say something which you don't understand at first, try to repeat what he said until you can say it to his satisfaction. You should be then be able to understand. Also, if your tutor is not satisfied with your pronunciation or grammar, he will repeat a sentence that you made but will do so in correct Indonesian. Repeat after him until he is satisfied.

The normal schedule for a one-hour tutorial on the "Basic Sentences" sections of the chapters will be as follows:

1. Basic sentences. The tutor will review with you the basic sentences for the day. The first time around, he will assign each part of the dialogue to individual students and ask them to act out the roles, looking only at the English. (The Indonesian must be covered with paper.) He will repeat this process until each student has had a chance to do all the roles. In case there is only one student, the tutor takes role A and has the student do B, and then repeats with the student's doing A and the tutor's doing B.

2. Questions. The tutor will tell you to close your books and then ask you the same questions which you heard on the cassette following the basic sentences. Repeat each question after your tutor, and then answer. Keep your book closed for these questions. You should not use any written notes nor any other type of aid.

3. Pattern practices *(latihan pola kalimat).* After you have finished answering the questions, the tutor will work with you the pattern practices on the basic sentences.

4. A "grammar" section tutorial will consist of exercises on (but by no means explanations of) the grammar. After you have complete the sections of dialogue and their related exercises for a particular lesson, you are to read the grammar for that lesson and work on the exercises following it for your next tutorial period. In that period, you may review all those exercises with your tutor. These exercises take various forms. Listen on the cassette for instructions as to whether or not to open your book. With the tutor, work pattern practices as normal. For exercises in which you are instructed to transform particular sentences, close your book and listen to your tutor read the cue sentences, then make the appropriate changes and give your answer orally to your tutor. Exercises which are "fill in the blank" or "choose the appropriate form" in nature should be written out at home and submitted to the tutor at the beginning of the appropriate tutorial period. The tutor will correct them at home. In the tutorial, open your book and perform these exercises orally.

5. Interview. Some lessons also contain interviews, which should be worked in the same period as the grammar review exercises. The interviews appear on the cassettes, as noted, but you should perform them with your tutor without recourse to your book or to notes.

6. Schedule. If you meet your tutor on a daily basis we give the following outline as a suggestion of the amount of work to cover. The amount of preparation time would vary from one hour per meeting to three hours for slow students. In the case of less frequent meetings with the tutor the amount of preparation time should be increased proportionately. In that case, much of what might be done in class with the tutor will have to be done alone with the cassettes. A tutor cannot be dispensed with entirely, as there are exercises which do not lend themselves to unsupervised work with the tape recorder. In any case, you will need human reactions to your language production and human feedback to your pronunciation. Two additional hours a week with a linguist are strongly urged. The following outline suggests the pacing for the first eight weeks or fifty hours of classroom work. This work has to be stretched out over a longer period of time for programs which do not allow for daily meetings with the tutor and can be somewhat compressed for more intensive programs.

WEEK	MEETING	PREPARATION	CLASSROOM ACTIVITY
1	1	**(Chapter 1)** A1, 2, 3, 4	Go through dialogue A1; do A2; if time permits A4.
	2	B1, 2, 3, 4	Go through dialogue B1; do B2; if time permits B4.
	3	C1, 2, 3, 4	Go through dialogue C1; do C2; if time permits C4.
	4	Review by going through A1-4, B1-4, and C-4 again.	Go through all of the dialogues. Do exercises A4, B4, C4 again. Do *Percakapan Terpimpin.*
	5	Do C5 and C6. Prepare for examination on Chapter 1.	Give an examination on Chapter 1. Work on pronunciation exercise C6.
2	1	**(Chapter 2)** A1, 2, 3, 4	Go through dialogue A1; do A2; if time permits A4.
	2	B1, 2, 3, 4	Go through dialogue B1; do B2; if time permits B4.
	3	Review by going through A1-4 and B1-4 again. Do B5, B6. Read grammar section.	Go through dialogues again. Do exercises A4, B4.
	4	Do B5, B6. Read grammar section.	Do the grammar exercises.
	5	Review basic sentences.	Examine the basic sentences and finish the grammar exercises.
3	1	**(Chapter 3)** Basic sentences of part A, as done in Chapters 1 and 2, above.	
	2	Basic sentences of part B, as done previously.	
	3	Basic sentences of part C, as done previously.	
	4	Review the basic sentences of A, B, C and finish the pattern practices.	

WEEK	MEETING	PREPARATION	CLASSROOM ACTIVITY
3	5	Do C5 and study the grammar. Prepare the exercises to do in class and do them in class.	
4	1	Prepare the interview in Chapter 3.	Work through the interview. Finish other exercises which have not been done.
	2	Review all of Chapter 3.	Written examination on Chapter 3.
	3,4,5	For the next seven meetings go through **Chapter 4** with the same breakdown as for Chapter 3. Exercises F3a,	
5	1-4	F3c, and F3d can be written out and corrected by the tutor or against the key.	
	5	For the next seven meetings go through **Chapter 5**.	
6	1–5	Exercises E1f and E3d can be written out and corrected	
7	1	by the tutor or against the key.	
	2–5	For the next five meetings go through **Chapter 6**.	
8	1		
8	2	(**Chapter 7**) Prepare A2 and A4. Read the review reading.	Do A2 and A4. Retell the story. Do A3.
	3	Prepare answers to B1 and 2.	Do B1 and 2.
	4	Prepare grammar exercises.	Do grammar exercises.
	5	Review all of Chapter 7.	Comprehensive examination on the first six chapters.

Although it is wise to stick to this format, we have scope for needed flexibility. It may well happen that the tutors are not able to finish the exercises scheduled for a day. In the case where the exercises with the tutor assigned for a particular day are not completed in their entirety, they MUST be completed before moving on to the next section. If it should occur at any point that there is tutorial time left and all exercises have been covered, the tutor of the student should pick exercises on which the student needs review work and turn to those exercises. UNDER NO CIRCUMSTANCES is the tutor EVER to introduce new material to the student.

Your first meeting with your tutor will naturally be somewhat different from your subsequent meetings. Since your tutor will not speak a word of any

language but Indonesian to you, it is necessary that you learn the following
expressions first:

ulangilah	*repeat*	satu-satu	*individually*
buka bukunya	*open your book*	sama-sama	*together*
tutup bukunya	*close your book*	sekali lagi	*again*

Indonesian numbers from one to ten are as follows:

1	satu	6	enam
2	dua	7	tujuh
3	tiga	8	delapan
4	empat	9	sembilan
5	lima	10	sepuluh

It is of course possible that your tutor will not use these words individually, but
in the context of a complete sentence. In that case, listen for the key words, and
you should have a fairly good idea of what the tutor wants you to do.

For your first meeting with your tutor, prepare Chapter 1, Section A, on the
cassette and in the book. Have your tutor read the above list of words to you so
that you are familiar with their pronunciation. Then review with him the basic
sentences, questions, and other relevant exercises from the chapter.

The question of how you should address your teacher is taken up in the
grammar section for Chapter 1.

PETENJUK BUAT PAMONG

Pelajaran ini mengandung bahan-bahan yang dapat dipakai untuk mempelari Bahasa Indonesia dengan menggunakan *tape recorder*. Para pelajar bekerja tanpa diawasi dan, pada waktu-waktu tertentu, bertemu dengan pamongnya untuk latihan berbicara. Karena pelajar akan bertemu dengan pamongnya hanya beberapa kali dalam satu minggu, maka waktu dengan pamongnya terbatas sekali, sehingga tiap menit harus dipergunakan seefisien mungkin. Satu jam yang tersia-sia pun akan merupakan kehilangan waktu yang besar artinya. Karena itu kami ingin menekankan supaya petunjuk ini dibaca dengan teliti.

Peranan Pamong

Haruslah ditekankan sedari permulaan bahwa peranan pamong dalam pengajaran ini bukanlah mengajar, tapi memberikan acuan yang harus diikuti pelajar. Pelajar sebagian besar akan bekerja sendiri, mempelajari bahan yang disajikan dalam buku ini. Jadi, sebagian besar dari pekerjaannya tidak akan berada di bawah pengawasan pamong. Namun, pamong pun mempunyai peranan maha penting dalam pengajaran ini. Dialah yang memberikan umpan-balik kepada pelajar serta memberinya kesempatan mempergunakan apa-apa yang telah dipelajarinya dari buku dan membimbingnya membuat kalimat-kalimat yang betul, dengan ucapan yang betul pula. Pelajar, misalnya, mungkin mengira bahwa ia menjawab sebuah pertanyaan dengan betul, padahal sebenarnya salah, atau mungkin menyangka bahwa ia mengucapkan sebuah perkataan dengan betul, padahal sebenarnya masih jauh dari wajar. Justru itu pamong harus memberikan contoh yang dapat ditiru para pelajar. Aturan yang dikemukakan ini didasarkan atas pengalaman bertahun-tahun. Kalau dipatuhi, pelajar akan mendapat sesuatu. Sebaliknya, kalau menyimpang dari aturan ini, proses belajar akan terhenti. Karenanya, ikutilah dengan taat.

1. Berbicaralah kepada si pelajar HANYA dalam Bahasa Indonesia. SEKALI-KALI JANGAN memakai Bahasa Inggeris walau sepatah kata pun. Ia sudah mengerti Bahasa Inggeris dan dia datang untuk belajar Bahasa Indonesia. Keterangan, pembicaraan, malah walau sekali pun kalau dengan menggunakan Bahasa Inggeris, akan menyia-yiakan waktu belajar yang sangat berarti itu. Manakala berbicara kepada pelajar Anda, berbicaralah secara wajar, pakailah kata-kata yang sudah dipelajarinya, dan SELALULAH memakai Bahasa Indonesia. Seandainya pada permulaannya si pelajar gagal menangkap arti apa yang Anda katakan, katakan sekali lagi dan suruh ia mengulanginya. Sebelum masuk kelas, Anda harus mengerti benar-benar bahan mana yang sudah dipelajari pelajar Anda, sehingga Anda akan bisa memahami apa yang Anda katakan DALAM BAHASA INDONESIA. Kalau ia masih tidak bisa mengerti apa yang Anda katakan, itu bisa berarti ia tidak mempersiapkan pelajarannya menurut semestinya. Kalau demikian halnya, suruh ia mengulangi pelajaran itu kembali untuk kelas berikutnya.

2. Pakailah tata bahasa dan kata-kata yang sudah diketahui pelajar. Tentu saja ia tidak akan mengetahui tata bahasa atau perkataan yang belum dipelajari sebelum masuk kelas. Maka Anda sebagai pamong haruslah menyadari seberapa banyak yang bisa dikatakan dan dimengerti pelajar Anda. Jalan satu-satunya ke arah itu adalah dengan mempelajari bahan tersebut sebelum masuk kelas. Pelajar pasti mampu mengerti dan mengatakan apa-apa yang sudah disajikan dalam setiap pelajaran. BAGAIMANAPUN, sekali-kali JANGAN memperkenalkan bahan baru. Dalam setiap pelajaran sudah diberikan tata bahasa dan kata-kata dasar sebanyak yang bisa dikerjakan pelajar. Yang penting, si pelajar harus bisa menggunakan dengan mudah apa yang sudah diketahuinya. Memberikan bahan tambahan hanya akan membingungkan pelajar dan mengalihkan perhatiannya dari ketrampilan yang ingin kita ajarkan secara teratur. Memang pamong akan tergoda untuk memberikan kata-kata baru. Praktek-praktek semacam itu akan mengganggu kemajuan pelajar. Alasan pertama, kata-kata yang diambil sekenanya itu tidak diulang-ulang dan tidak pula disertai latihan yang teratur, sehingga pelajar segera akan melupakannya. Kedua, pelajar akan patah semangat, bukan hanya karena ia lupa kata-kata itu, tapi juga karena hal itu akan menyadarkannya betapa sedikitnya yang baru diketahuinya dan alangkah masih banyaknya yang harus dipelajari. Kegiatan semacam itu tentu saja tidak bermanfaat dan mematahkan semangat. Dengan membatasi diri pada apa yang sudah dipelajari pelajar, Anda memberikannya semacam rasa bawah sebenarnya ia bisa berbahasa baru itu. Sekalipun jalan masih jauh, ia tetap terdorong. Kata-kata penting segera akan datang, tidak perlu khawatir. Pelajar akan beroleh kata-kata yang diperlukannya kalau ia sudah siap. Seandainya suatu perkataan tidak segera muncul, kemungkinan besar ia tidak akan begitu penting dalam percakapan.

3. Jangan biarkan pelajar Anda berbahasa Inggeris, sekalipun ia ingin mengatakan sesuatu yang belum bisa dikatakannya dengan Bahasa Indonesia. Semakin cepat ia dipaksa mengungkapkan pikirannya dengan Bahasa Indonesia, maka akan semakin cepat ia belajar bahasa itu. Kalau ia tahu bahwa ia bisa menggunakan Bahasa Inggeris manakala diperlukannya, ia akan melakukannya, tanpa berusaha mengungkapkannya dengan Bahasa Indonesia.

4. Kalau berbicara kepada pelajar Anda, berbicaralah secara wajar, dengan kecepatan dan intonasi yang normal. Sebaiknya pelajar Anda terbiasa dengan Bahasa Indonesia yang normal sedari permulaan. Intonasi penting. Pelajar harus meniru intonasi yang semestinya.

5. Kalau pelajar tidak mengerti apa yang Anda katakan, ulangi dan suruh ia mengulanginya, kalau perlu beberapa kali. Karena Anda hanya menggunakan tata bahasa dan perkataan yang sudah diketahuinya, tentu ia akan mengerti setelah Anda mengulanginya satu atau dua kali. Kalau Anda menggunakan kata-kata yang belum diketahuinya, itu suatu kesalahan dan penyimpangan dari apa yang dikemukakan di sini. Seandainya ia memang tidak mengerti, artinya persediaannya tidak menurut semestinya dan pelajaran itu harus diulangi lagi waktu kelas berikutnya.

6. Bila kalimat yang diucapkan pelajar Anda salah, katakan kalimat yang dimaksudkannya dengan betul, lalu suruh ia mengulanginya sampai Anda merasa puas. Tentu saja ia tidak harus seperti penutur asli — terutama pada permulaan, tapi kalimat yang dibuatnya haruslah masuk akal dan dapat dimengerti oleh orang Indonesia.

Pelaksanaan Kelas

1. Mengulang. Setiap yang dikatakan pamong harus ditirukan pelajar dengan INTONASI yang semestinya. Lalu pamong membetulkan dan pelajar harus mengulangi pembetulan itu sesuai dengan intonasi yang dicontohkan pamong.

2. Kalau pelajar menemui kesukaran dalam mengulang. Pelajar mungkin sekali menemui kesukaran waktu mengulangi kalimat panjang. Kalau demikian halnya, potong-potonglah kalimat itu menurut frasanya, dan dimulai dari ujung. Misalnya kalimat yang susah diucapkan itu "saya tinggal di hotel Garuda." Langkah di bawah ini memperlihatkan bagaimana caranya membimbing pelajar mengucapkannya:

Pamong: Saya tinggal di hotel Garuda.
Pelajar: Saya ting... saya Garuda... I don't know.
Pamong: Hotel Garuda.
Pelajar: Hotel Garuda.
Pamong: Di Hotel Garuda.
Pelajar: Di Hotel Garuda.
Pamong: Tinggal di Hotel Garuda.
Pelajar: Tinggal di Hotel Garuda.
Pamong: Saya.
Pelajar: Saya.
Pamong: Saya tinggal di Hotel Garuda.
Pelajar: Saya tinggal di Hotel Garuda.
Pamong: Sekarang semua bilang sama-sama: Saya tinggal di Hotel Garuda.

Jangan ucapkan kata demi kata, memperlabat ucapan, atau menyimpang dari cara ini. Mulai dari ujung dan buat kalimatnya makin lama makin panjang. Seperti lazimnya, pelajar biasanya tidak bisa meniru dan mengucapkan suatu kalimat yang mempunyai lebih dari enam atau tujuh kata. Semua kalimat dasar dalam pelajaran ini terbatas dalam jumlah tersebut.

3. Apa yang harus dilakukan dalam kelas. Garis besar apa yang harus dilakukan dalam kelas untuk setiap pelajaran diberikan di sini. Sebelum masuk kelas, pelajar harus sudah menghafal percakapan (kalimat dasar), menjawab pertanyaan (pertanyaan dan pilihan berganda), dan mengerjakan latihan pola (latihan pola kalimat). Maka Anda harus mengerjakan yang berikut dalam kelas.

a. **Kalimat dasar.** Setiap percakapan terdiri dari pembicaraan antara dua orang. Pelajar sudah menghafal percakapan itu. Suruh pelajar membuka bukunya dan menutup Bahasa Indonesianya DENGAN SELEMBAR KERTAS. (Di sini ditekankan agar Bahasa Indonesianya ditutup dengan kertas, karena itu penting sekali supaya ia tidak bisa mengintip Bahasa Indonesianya itu. Menutup dengan tangan tidaklah cukup.) Lalu pilih dua pelajar, yang satu memainkan peranan A, dan yang satu lagi memainkan peranan B, dan suruh mereka memainkan percakapan itu dalam Bahasa Indonesia. Kalau ada pelajar yang membuat kesalahan, tidak tahu, atau salah mengucapkan, berikan jawaban yang benar dengan intonasi dan ucapan yang lancar (normal) dan suruh ia mengulanginya. Lalu ulangi dan diarahkan ke seluruh kelas, lalu suruh mereka mengulanginya sama-sama. Setelah selesai semuanya, ulangi lagi kalimat-kalimat yang tadinya tidak bisa mereka ucapkan menurut semestinya. Setelah kedua pelajar itu selesai, ulangi lagi percakapan itu dengan dua pelajar lainnya, dan begitu seterusnya sampai semua pelajar teruji sepenuhnya.

Kalau ada pelajar yang lupa sebuah kalimat bisa pula diberikan satu atau dua kata pertama dari kalimat itu.

Kalau hanya ada satu pelajar saja, Anda memainkan peranan A dan dia memainkan peranan B, lalu sebaliknya dengan Anda memainkan peranan B dan dia memainkan peranan A. (Anda boleh melihat Bahasa Indonesianya, tapi dia harus selalu menutupnya.) Testing kalimat dasar ini jangan menghabiskan lebih dari separoh jam pelajaran.

b. **Pertanyaan.** Inilah bagian terpenting yang harus Anda kerjakan bersama pelajar Anda. Sebagian besar waktu harus digunakan untuk ini. Suruh pelajar menutup bukunya. Baca pertanyaan pertama dan suruh seorang pelajar mengulangnya lalu menjawabnya dengan Bahasa Indonesia. Kalau jawabannya tidak benar (tidak cocok, tata bahasanya salah, atau ucapannya tidak betul), berikan jawaban yang benar dan suruh dia mengulangnya sampai Anda menganggapnya sudah betul. Lalu suruh seluruh kelas mengulangi jawaban yang Anda berikan itu sama-sama. Kalau waktu mengizinkan, setiap pelajar sebaiknya diberi kesempatan menjawab sebagian besar pertanyaan, tapi kalau waktu memang pendek, setiap pelajar harus sempat menjawab setidak-tidaknya tiga atau empat pertanyaan.

Kedua langkah di atas adalah merupakan bagian penting Anda. Kalau keduanya sudah selesai, baru latihan pola kalimat boleh dikerjakan.

c. **Latihan pola kalimat.** Latihan ini harus dikerjakan secara lisan, dengan kecepatan dan intonasi yang wajar, dan pelajar tidak boleh melihat bukunya. Harus selalu dikerjakan dengan cepat supaya pelajar tidak lupa kalimatnya.

Pertama, pamong membacakan kalimat Indonesia yang pertama dan menyuruh pelajar mengulanginya. Guru membaca isyarat, yaitu perintah untuk perobahan yang harus dilakukan pelajar (kalimat berikutnya kalau latihannya berupa *response type* atau jenis pemberian jawaban), lalu pelajar mengulangi kalimat tersebut dengan perobahan yang diperlukan berdasarkan isyarat yang diberikan tadi. Pamong HANYA boleh mengulangi jawaban itu seandainya jawaban pelajar tidak wajar, atau kalau intonasinya tidak betul, atau kelau ada kesalahan-kesalahan lainnya. Setiap mengadakan pembetulan, pelajar harus selalu disuruh mengulangi yang betul itu. Berikan isyarat berikutnya sampai seluruh latihan selesai dikerjakan. Kalau pelajar memberikan jawaban yang betul, maka pamong harus langsung memberikan isyarat berikutnya tanpa membetulkan. Kalau pertanyaan itu mungkin mempunyai beberapa jawaban yang betul, pamong harus menerima salah satunya tanpa memberi komentar apa-apa. (Pelajar dan pomong haruslah menyadari bahwa tujuan latihan pola ini adalah untuk mengembangkan kebiasaan dan karenanya waktu yang disediakan untuk itu seharusnyalah hanya digunakan sepenuhnya untuk mengerjakannya, tidak ada keterangan ataupun pertanyaan.) Kalaupun pamong terpaksa memberikan jawaban yang betul buat pelajar, harus segera memberikan jawaban yang betul tanpa komentar apa-apa.

Setelah beberapa kali jawaban bersama-sama, pamong kemudian boleh menunjuk pelajar secara perseorangan untuk memberikan jawaban. Perlu diperhatikan agar pelajar tidak dapat menerka siapa yang akan dipanggil berikutnya. Seandainya pamong dapat kesan bahwa pelajar bosan atua mendapat kesukaran karena capek, maka harus dipindahkan ke jenis latihan berikutnya atau istirahat.

Pelajar gampang sekali patah semangat seandainya latihan itu terlalu berat buatnya. Pamong sekali-kali jangan memaksa pelajar kalau mereka ternyata tidak bisa mengerjakan latihan tersebut. Manakala ada tanda-tanda patah semangat, pamong harus berhenti sampai di situ dan memberikan latihan yang lebih gampang, supaya kepercayaan diri mereka timbul lagi.

Latihan pola ini dibuat sedemikian rupa sehingga bisa dipakai untuk belajar sendiri. Sesudah setiap kalimat, sudah disediakan ruang yang cukup sehingga pelajar ada waktu untuk menyusun jawaban mereka, dan setelah itu kalimat itu diulangi lagi sehingga pelajar dapat membandingkan jawaban mereka. Kalau pelajar tidak menggunakan *tape,* dia harus menggunakan secarik kertas untuk menutup kalimat yang ada di bawahnya. Setelah dia memberikan jawaban, dia boleh memindahkan kertasnya sebaris ke bawah untuk membandingkan jawabannya dengan yang ada dalam buku. Latihan-latihan yang sulit sebaiknya diulangi lagi sendiri di rumah.

CHAPTER 1

A3. 1. c 2. a 3. d 4. b 5. c

B3. 1. a 2. b 3. b 4. a 5. d

B5a. 1. AB 2. BA 3. AB 4. AB 5. BA 6. BA

B5b. 1. AB 2. AB 3. BA 4. AB 5. BA 6. BA 7. BA 8. AB 9. AB

C4. 1. d 2. a 3. b 4. a 5. c

C5. 1. S 2. S 3. S 4. B 5. B 6. S 7. S 8. S 9. S 10. B 11. B 12. B

C6a. 1. AB 2. BA 3. AB 4. AB 5. AB 6. AB 7. AB 8. BA 9. BA 10. BA

CHAPTER 2

A3. 1. d 2. b 3. c 4. a 5. b 6. b 7. a 8. c 9. d 10. a

B3. 1. b 2. a 3. c 4. d 5. b 6. c 7. a 8. d 9. b 10. d

B6. 1. S 2. S 3. B 4. B 5. B 6. S 7. S 8. S 9. B 10. B 11. B 12. S

CHAPTER 3

A3. 1. d 2. b 3. d 4. a 5. a 6. b 7. b 8. a 9. c 10. a

B3. 1. b 2. b 3. d 4. a 5. c 6. b 7. a 8. c 9. c 10. a

C3. 1. b 2. a 3. d 4. a 5. a 6. a 7. a 8. b 9. b 10. d

C5. 1. B 2. S 3. B 4. S 5. S 6. B 7. S 8. S 9. B 10. S 11. S 12. B

F. Interview

D : Selamat siang, Tuan Smith. Silakan masuk.

J : Terima kasih.

D : Silakan duduk.

J : Terima kasih.

D : Apa Tuan Smith bisa berbahasa Indónésia?

J : Saya sedang belajar Bahasa Indónésia.

D : Saya senang bertemu dengan orang Amèrika yang mau belajar Bahasa Indónésia.

J : Saya bisa sedikit-sedikit saja.

D : Apa Tuan senang belajar Bahasa Indónésia?

J : Ó, saya senang sekali.

D : Mengapa Tuan mau pergi ke Indónésia?

J : Saya mau bertemu abang saya. Dia tinggal di Jakarta sekarang.

D : Ó, abangnya tinggal di Jakarta. Baik sekali. Tuan Smith sudah kawin?

J : Sudah. Isteri saya namanya Farida.

D : Farida? Apa dia orang Indónésia?

J : Bukan. Dia asalnya dari Malaysia.

D : Dia bisa berbahasa Melayu, bukan?

J : Tentu saja. Bahasanya Bahasa Melayu.

D : Ó, ya. Betul. Apa dia mau ke Indónésia juga?

J : Tidak. Dia mau tunggu di Amèrika saja.

D : Ó begitu. Bagaimana, apa Tuan mau ke Indonesia sekarang?

J : Ó, belum. Tapi saya mau bertanya dulu, kalau saya mau pergi ke Indónésia nanti, bagaimana?

D : Ma'af, Tuan Smith. Sudah lat ini. Saya harus pulang.

J : Baiklah. Bagaimana kalau saya kembali ke sini bèsok?

D : Baiklah, sampai bertemu lagi.

J : Baik. Terima kasih, Pak Daud.

CHAPTER 4

A3.   1. b   2. c   3. b   4. c   5. a   6. a   7. d   8. b   9. b   10. b

B3.   1. a   2. c   3. b   4. b   5. a   6. a   7. d   8. a   9. c   10. d

C3.   1. c   2. a   3. a   4. d   5. b   6. d   7. b   8. c   9. d   10. b

C5.   1. S   2. S   3. S   4. B   5. S   6. S   7. S   8. S   9. S   10. S   11. S   12. S

F3a.

1. belum	2. tidak	3. belum	4. belum	5. tidak	6. belum
7. tidak	8. belum	9. tidak	10. tidak	11. belum	12. belum
13. tidak	14. tidak *or* belum	15. tidak			

F3c.

1. sudah	2. baru	3. sudah	4. sudah	5. sudah
6. baru	7. sudah	8. baru *or* sudah	9. baru, sudah	10. baru, sudah

F3d.

1. Saya baru seminggu di Amérika.
2. Baik, saya sudah siap. Mari kita pergi!
3. Saya sudah tiga tahun di Indónésia, tapi saya belum bisa berbahasa Indónésia baik-baik.
4. Bahasa Inggerisnya baik sekali. Dia sudah lima tahun di Amèrika.
5. Dia baru bisa berbahasa Belanda sedikit-sedikit, tapi dia masih mau belajar lagi.
6. Dia baru tiga tahun kawin, dan anaknya sudah satu.
7. Saya baru saja duduk, mengapa saya sudah harus berangkat sekarang?
8. Ini sudah lat (*or* malam). Sudah jam dua belas lèwat seperempat.
9. Mengapa harus cepat-cepat? Ini baru jam dua belas (tengah malam)!
10. Ó, sudah datang, ya? Dari mana datangnya?
11. Itu abang saya, yang baru duduk di sana itu.
12. Tèh? Ó, saya baru minum, terima kasih.
13. Sudah kenal adik saya?

F4.

1. Ó, belum lat ini, Mas. Ini **kan** baru jam tujuh.
2. Apa itu tadi? Steróp, **kan**?
3. Tentu saja saya tidak mau minum steróp itu. **Kan** kurang ènak.
4. Tentu saja saya belum kenal dia. Saya **kan** baru datang di sini.
5. Bagaimana lempernya? Ènak, **kan**?
6. Saya tidak mau beli lemper itu. **Kan** terlalu mahal.
7. Ini tadi steróp saya, **kan**?
8. Tentu saja yang sebelah sana itu mahal. Barangnya **kan** bagus sekali.
9. Tidak apa-apa, kalau tidak jadi, **kan**?
10. Namanya Hotèl Garuda, **kan**?
11. Mari kita pergi. Ini **kan** sudah lat sekali.
12. Saya tidak mau minum steróp itu. Itu **kan** bukan punya saya.

CHAPTER 5

A3.   1. d   2. a   3. b   4. c   5. b   6. b   7. c   8. c   9. d   10. a

B3.   1. c   2. c   3. b   4. a   5. a   6. d   7. b   8. a   9. d   10. a

C3.   1. c   2. a   3. b   4. d   5. c   6. b   7. d   8. c   9. a   10. c

E1e.

1. Teman saya sudah lama belajar Bahasa Indónésia, dan sudah bisa berbahasa Indónésia sedikit-sedikit. Tapi dia belum baik, dan harus belajar lagi.

E1e. *(continued)*

2. *Sudah tidak cocok di sini.*
3. *Sudah tidak cocok di sini.*
4. *Sudah tidak cocok di sini.*
5. Dia belum lama belajar, tapi Bahasa Indónésianya sudah baik sekali.
6. Sudah lat sekali ini, Jon. Mengapa baru saja datang?
7. *Sudah tidak cocok di sini.*
8. Saya sudah datang jam lima tadi dan tunggu di sini sampai sekarang.
9. *Sudah tidak cocok di sini.*
10. "Masih jauh ke pasar?" — "Ó, tidak. Pasar sudah dekat."
11. Adiknya sudah kawin sekarang?
12. *Sudah tidak cocok di sini.*
13. Jam enam saya belum datang di rumah, tapi jam tujuh saya sudah di rumah.
14. *Sudah tidak cocok di sini.*
15. Pak Mustafa tinggal di sini dulu, tapi sekarang dia sudah di Jakarta.

E1f.

1. baru	2. baru	3. hanya	4. hanya	5. baru	6. baru, baru
7. hanya	8. hanya	9. hanya	10. hanya, hanya		

E3b. 1. c 2. a 3. b 4. b 5. b 6. b 7. a 8. b 9. d 10. b

E3c. 1. b 2. d 3. c 4. b 5. c 6. a 7. a 8. d 9. d 10. c

E3d.

1. Saya sudah empat bulan belajar Bahasa Indónésia.
2. Saya beli sebungkus Gudang Garam sebulan yang lalu.
3. Guru saya baru enam bulan di Amérika.
4. Saya sudah kawin setahun yang lalu.
5. Dia masih sejam lagi mau duduk di sini.
6. Saya tidak mau belajar Bahasa Indónésia lama lagi, hanya dua bulan lagi.
7. Dia sudah sejam tunggu di sana.
8. Meréka baru saja sampai di setasiun.
9. Jam sembilan nanti masih di sini, Pak?
10. Ya, saya masih dua jam lagi di sini.
11. Anak meréka baru tiga.
12. Gurunya baru sebulan kawin.
13. Saya tidak belajar Bahasa Jawa lagi. Saya sudah belajar Bahasa Indónésia.
14. Sebentar lagi dia akan datang.
15. Dia tiga minggu lagi di Jakarta.
16. Saya baru beli tikar di pasar Jum'at soré.
17. Bapak mau ke Jakarta Jum'at pagi atau soré?
18. Meréka baru kawin tadi malam.
19. Ó, dia masih lama di sini. Masih tiga minggu lagi.
20. Saya hanya belajar Bahasa Indónésia. Saya tidak belajar Bahasa Belanda.

F. Interview

B: Bagaimana kalau kita ke pasar, Mary?
M Tapi ini sudah soré sekali, Budi.
B: Belum begitu, baru jam lima.

F. Interview *(continued)*

M : Mau belanja apa sebenarnya, Budi?

B : Ya, tidak ada sebernarnya. Ya kita beli rokok atau kué.

M : Tapi, kita bisa beli rokok dekat sini. Mengapa kita harus pergi jauh ke pasar?

B : Maksudnya, bagaimana, Mary? Mary tidak mau ke pasar ini?

M : Ó saya mau saja. Tapi apa masih ada orang di pasar? Sudah jam lima ini.

B : Ada saja, Mary. Merèka di sana sampai malam.

M : Hmm, kalau begitu, baiklah. Sudah lama saya tidak ke pasar.

B : Kita jalan aja, ya?

M : Bolèh....Nah, ini dia pasarnya. Budi, apa itu?

B : Mana, yang ini? Yang kué mangkok ini?

M : Bukan. Yang di belakang itu. Yang bagus sekali itu.

B : Itu tikar, Mary. Mau beli?

M : Barangnya mahal?

B : Barangkali murah barang itu. Kita tanya dulu, ya?

M : Baiklah...bagaimana?

B : Murah sekali, Mary. Hanya dua ribu.

M : Dua ribu tidak murah Budi. Saya rasa dua ribu itu mahal sekali.

B : Kalau begitu, bagaimana? Jadi, tidak?

M : Barangkali tidak jadi saja.

B : Baiklah. Tidak apa-apa.

M : Wah, ini sudah lat sekali.

B : Sebenarnya belum.

M : Tapi saya mau mampir di rumah teman saya dulu di jalan pulang.

B : Maksudnya, di...

M : Di rumah Bu Tri. Sebenarnya ada janji jam enam.

B : Bolèh. Ini sudah jam enam lèwat. Sudah hampir jam setengah tujuh.

M : Sebenarnya saya mau bertemu dengan suaminya, dan dia pulang jam enam.

B : O, suaminya sudah pulang dari Amerika!

M : Sudah lama, Mas.

B : Mari kita cepat-cepat. Sudah lat ini.

M : Tunggu dulu, Budi. Saya mau beli rokok dulu.

CHAPTER 6

A3.   1. d 2. c   3. a   4. b   5. b   6. b   7. a   8. c   9. c   10. c

B3.   1. d 2. d   3. a   4. b   5. c   6. c   7. b   8. b   9. d   10. b

C3.   1. b 2. b   3. c   4. a   5. d   6. c   7. a   8. b   9. c   10. b

CHAPTER 7

A3.   1. b 2. a   3. d   4. c   5. c   6. b   7. b   8. b   9. d   10. a

C4.

| 1. silakan | 2. tolong | 3. silakan | 4. silakan |
| 5. tolong | 6. silakan | 7. silakan | 8. silakan |

C5a.

1. apa 2. siapa 3. apa   4. apa   5. siapa 6. siapa 7. apa   8. siapa

C5b.

1. Siapa yang mau belajar di Amérika?
2. Apa sudah jam sepuluh sekarang?
3. Mustafa guru siapa?
4. Kita beli apa sekarang?
5. Apa mau pulang sekarang?
6. Tinggalnya di rumah siapa?
7. Apa hotèl itu jauh?
8. Bertemu siapa di jalan tadi?
9. Jon tinggal di hotèl apa?
10. Siapa yang tinggal di rumahnya?

C9. 1. d 2. b 3. a 4. c 5. b 6. a 7. a 8. c 9. b 10. a

D. Interview

I: Ah, permisi ya. Apa Mbak ini bisa berbahasa Indonesia?
M: Ya, bisa, sedikit-sedikit.
I: Belajarnya di mana?
M: Ó, saya belajar di Cornèll dulu.
I: Apa sekarang masih belajar Bahasa Indonesia?
M: Ó, saya sudah tidak belajar lagi.
I: Sudah pintar sekali bahasa Indonesia ya Mbak.
M: Ó, belum. Saya baru bisa sedikit-sedikit. Mas ini, tinggalnya di mana di sini?
I: O, saya tinggal di hotèl yang murah.
M: Senang di hotèl yang murah itu, Mas?
I: O ya, senang. Ya, biasa. Kalau Mbak, tinggal di mana?
M: Ó, saya tinggal di sini juga. Saya sudah membeli rumah di sini.
I: Wah, sudah bisa beli rumah. Bagus ya.
M: Ó, ya, senang.
I: Apa belajar di sini Mbak?
M: Ya, betul. Kalau Mas, bagaimana? Belajar juga, tidak?
I: O ya, saya masih belajar di Universitas Indonesia.
M: Sudah kawin, Mas, belum?
I: Sudah. Anak saya sudah dua. Kalau Mbak, sudah kawin, belum?
M: Ó, belum. Masih belum juga kawin. Tapi sudah punya rumah. Mengapa Mas datang ke Amérika?
I: Ya, untuk belajar sedikit-sedikit mengenai Amerika.
M: Senang di Amérika ini, ndak?
I: O ya, saya senang. Tapi mahal di sini ya?
M: Ya, mahal. Tidak ada kol di sini, dan kalau mau pergi belanja, ongkosnya satu dollar.
I: Ya betul. Apa Mbak ini mau ke Indonesia?
M: Ya, tahun depan saya mau ke Indónésia. Sebenarnya, saya mau belajar di sana.
I: Nanti kalau ke Jakarta, mampir ke rumah saya ya.
M: Ó, ya, terima kasih. Tapi sebenarnya saya mau ke Yogya saja. Apa ada hotèl yang bagus di Yogya?
I: O kalau di Yogya, Mbak tinggal di Hotel Garuda saja.
M: Mengapa? Apa hotèl itu hotèl yang baik?

D. Interview *(continued)*

I: Ya, setasiunnya dekat, restorannya dekat, kolnya dekat, dan kalau mau pergi belanja, pasarnya dekat.

M: Apa ada toko buku yang baik dekat situ?

I: Ada. Satu.

M: Di sebelah mana hotèlnya, toko buku itu?

I: Di sebelah sana, anu, kanan.

M: Kalau saya ke Yogya nanti saya harus mampir di toko buku itu.

I: Ó ya harus. Toko itu bukanya jam sembilan pagi.

M: Jam berapa tutupnya?

I: Ó toko itu buka sampai jam delapan malam.

M: Kalau begitu, jadi, tutupnya jam delapan malam, ya?

I: Ya betul Mbak. Anu, permisi ya, kamar kecilnya di mana di sini?

M: Ó, itu di belakang. Jalan terus saja ke belakang.

I: Terima kasih ya Mbak. Permisi Mbak.

CHAPTER 8

A3. 1. d 2. a 3. c 4. b 5. b 6. b 7. d 8. a 9. c 10. a

B3. 1. d 2. c 3. a 4. d 5. c 6. a 7. a 8. d 9. c 10. d

C3. 1. c 2. a 3. a 4. d 5. b 6. d 7. b 8. d 9. c 10. b

D3. 1. c 2. a 3. b 4. d 5. b 6. b 7. b 8. d 9. a 10. c

F1c.

1. Anak saya tiga.
2. Adik saya, anaknya lima yang laki-laki.
3. Anak merèka dua yang perempuan dan satu yang laki-laki.
4. Mustafa, adiknya empat.
5. Tuti, enam kakaknya yang perempuan.
6. Rokok kami dua bungkus.
7. Pènsil saya di sini hanya dua belas batang.
8. Buku kami di toko kami hanya sepuluh.
9. Anak merèka anaknya banyak.
10. Anak merèka yang laki-laki, dua yang meninggal di Yogya.
11. Rokok saya di sini hanya dua bungkus.

F2e. 1. a 2. b 3. d 4. a 5. b 6. c 7. c 8. a 9. c 10. b

F2f.

1. Berapa lama lagi baru kita sampai di Yogya, Pak?
2. Saya harus pergi ke Yogya dulu, baru saya pergi ke Surabaya.
3. Kalau sampai di Cilacap, Yogya sudah dekat. Hanya kira-kira tiga puluh kiló lagi.
4. Kita sudah lama di kerèta api, tapi baru pergi tiga puluh kiló.
5. Saya baru akan belajar Bahasa Indónésia bulan depan.
6. Hanya ada dua orang yang duduk di sini.
7. Baru satu orang yang duduk di sini, tapi saya kira tiga orang yang bisa duduk di sini.
8. Ó, tidak. Anak kami baru satu. Kami belum lama kawin.
9. Malam sekali baru kerèta api berangkat dari Surabaya.
10. Saya baru saja sampai di sini. Saya baru berangkat dari rumah jam sepuluh tadi.

F8b.

1. sebelum	2. dulu	3. dulu	4. sebelum	5. sebelum
6. dulu	7. sebelum	8. dulu	9. dulu	10. sebelum

F9.

1. tinggal	2. meninggal	3. tinggal	4. tinggal	5. tinggal
6. tinggal	7. meninggal	8. meninggal	9. tinggal	10. meninggal
11. tinggal	12. meninggal	13. tinggal	14. tinggal	

G. Guided Conversation

Y : Ma'af, boleh saya duduk di sini?

C : Boleh saja. Silakan.

Y : Bapak pergi berapa jauh? Sampai ke mana?

C : Ó, Nyonya bisa berbahasa Indonesia! Belajar di mana?

Y : Ó, saya? Saya belajar di Universitas Ohio dulu. Bapak mau pergi ke mana?

C : Surabaya. Nyonya sendiri, bagaimana?

Y : Ó, saya tidak sampai ke situ, Pak. Saya hanya ke Solo.

C : Nyonya mengajar, atau...

Y : Ó, saya melawat saja, Pak. Saya belajar di Salatiga.

C : Ó, Nyonya mahasiswa.

Y : Sebenarnya, tidak. Sekarang liburan di Amerika Serikat, dan saya di Salatiga untuk liburannya.

C : Jadi, Nyonya belajar bahasa Indonesia di Salatiga.

Y : Sebenarnya, saya guru, Pak. Di Universitas Satya Wacana.

C : Itu sekolah swasta, kan?

Y : Ya, tapi gurunya semuanya pegawai pemerintah.

C : Nyonya sendiri juga menjadi pegawai pemerintah?

Y : Ó, tidak. Saya hanya sebentar di Indonesia ini. Dua bulan lagi saya sudah harus pulang ke Ohio.

C : Ohio itu, di mana, ya? Di Belanda?

Y : Ó, tidak. Di Amerika. Bapak sendiri dari mana asalnya?

C : Asal saya dari Yogya, tetapi sesudah perang, saya ke Surabaya. Anak saya semua tinggal di Surabaya. Saya di Jalan Thamrin nomor 65. Silakan mampirlah!

Y : Ó, terima kasih. Saya coba datang. Apa anak Bapak sudah kawin semuanya?

C : Dua anak saya yang sudah dan dua lagi yang masih belum. Dua yang laki-laki dan dua yang perempuan. Dua anak saya jadi mahasiswa dan dua lagi sudah bekerja.

Y : Yang menjadi mahasiswa itu yang sudah kawin?

C : Ó, yang menjadi mahasiswa itu belum kawin. Yang sudah kawin bekerja semuanya. Anak saya yang nomor satu tidak lama lagi mau melahirkan.

Y : Itu anak Bapak yang perempuan atau yang laki-laki?

C : Yang perempuan. Dia kan mau melahirkan!

Y : Ó, ma'af, Pak. Saya kurang mengerti tadi. Apa dia juga bekerja?

C : Ya. Suaminya menjadi kepala sekolahnya, dan dia menjadi guru di situ. Anak mereka sudah dua.

Y : Jadi, yang akan lahir sekarang jadi nomor tiga.

C : Tidak, karena yang nomor dua itu meninggal.

Y : Ó, begitu. Bapak bisa berbahasa Inggeris?

G. Guided Conversation *(continued)*

C: Tidak tapi saya bisa membaca sedikit-sedikit. Anak saya yang paling kecil, baik sekali Bahasa Inggrisnya. Dia baru kembali dari América.

Y: Ó, dia itu yang sudah kawin?

C: Ó, bukan. Dia yang sudah bekerja. Silakan mampir di rumah nanti.

Y: Baiklah, Pak. Saya memang belum pernah ke Surabaya.

C: Ini kartu saya. Silakan mampir nanti.

CHAPTER 9

A3. 1. c 2. a 3. b 4. d 5. c 6. a 7. b 8. b 9. a 10. d

B3. 1. c 2. b 3. b 4. b 5. a 6. b 7. b 8. c 9. d 10. a

C3. 1. c 2. c 3. c 4. d 5. b 6. c 7. d 8. a 9. d 10. c

D3. 1. a 2. b 3. d 4. d 5. c 6. a 7. b 8. b 9. d 10. a

E3. 1. b 2. a 3. c 4. d 5. c 6. a 7. c 8. a 9. c 10. d

G2c.

1. di mana-mana
2. siapa-siapa
3. di mana-mana
4. di mana-mana
5. apa-apa
6. siapa-siapa
7. yang
8. ke mana-mana
9. yang
10. siapa-siapa
11. di mana-mana
12. ke mana-mana
13. yang
14. siapa-siapa
15. ke mana-mana

G2d.

1. Ó, taruh di mana-saja.
2. Saya cari kelambu di mana-mana, tapi belum dapat di mana-mana.
3. Saya tidak dapat yang murah.
4. Isterinya harus ikut dengan dia ke mana-mana dia pergi.
5. Dia tidak pergi ke mana-mana.
6. Kami tidak beli apa-apa.
7. Ada yang bagus.
8. Saya belum kenal siapa-siapa di rumah itu.
9. Sekarang ini, apa-apa mahal.
10. Di toko kami, ada yang baru.

G5f.

1. membeli
2. beli
3. dibeli
4. beli
5. dibaca
6. menyèwa
7. dibelinya
8. ditaruh
9. sèwa
10. dibawa
11. dicarinya
12. menjual
13. dicari
14. cari
15. dibaca
16. membawanya
17. dibeli
18. cari
19. taruh
20. disèwa
21. menceritakan
22. jual
23. pindah
24. makan
25. didengarnya

G6a.

1. diambilnya
2. kami/kita sèwa
3. dibeli abangnya
4. dia beli
5. dijual
6. dimakan adik saya
7. dibawa
8. dijual
9. saya baca
10. dibaca adiknya
11. diceritakannya
12. meréka ceritakan
13. saya jual
14. bisa kita beli
15. sudah memberi
16. meréka jual
17. dijual ibunya

G6b.
1. saya makan
2. dia minum
3. dijualnya
4. dia membaca
5. kakaknya kenal
6. saya mau belanja
7. saya beri
8. diajaknya
9. Bapak harus membawa
10. kami mau mencari
11. siapa yang mau menceritakan
12. saya menjual
13. ditaruh Mustafa
14. kami/kita pergi, kami/kita lihat
15. siapa yang mengajar
16. siapa yang mengajak
17. kita mengantar
18. saya ketemu

G7b.
1. mengambilnya
2. kaudapat
3. menyèwanya
4. dibacanya
5. menjualnya
6. membungkusnya
7. melihatnya
8. sudah saya ambil
9. membelinya

CHAPTER 10
A3. 1. c 2. b 3. a 4. d 5. d 6. c 7. d 8. c 9. b 10. c
B3. 1. b 2. d 3. a 4. c 5. a 6. d 7. c 8. c 9. c 10. d
C3. 1. d 2. b 3. a 4. d 5. c 6. b 7. c 8. a 9. c 10. d
D3. 1. d 2. a 3. c 4. b 5. c 6. c 7. b 8. a 9. d 10. d
E3. 1. a 2. b 3. b 4. d 5. c 6. b 7. d 8. c 9. c 10. a

G5c. Langkah 1.
1. bertanya
2. mau saya tanyakan
3. bekerja, kerjakan
4. berjanji
5. menjanjikan
6. dijanjikan Ali
7. dibicarakan Pak Guru
8. membicarakan, bisa kita bicarakan
9. berbicara
10. diceritakan Pak Guru
11. bercerita
12. berbicara
13. membicarakan
14. dibicarakan
15. kamu menceritakan

Langkah 2.
1. dibicarakan
2. bicarakan
3. berbicara
4. bertanya
5. tanyakan
6. ditanyakan
7. menanyakan
8. kerjakan
9. bekerja
10. janjikan

Langkah 3.
1. berjanji
2. dijanjikan Ibu
3. bekerja
4. mau saya tanyakan
5. menanyakan
6. Ibu ceritakan
7. berbicara
8. mau Adik bicarakan
9. dikatakannya
10. berbicara

G5d. Langkah 1.
1. dengar
2. mendengarkan
3. mendengar
4. dengar
5. mendengar
6. mendengar
7. dengarkan
8. mendengar
9. dengarkan
10. mendengar

Langkah 2.
1. diberikan
2. diberikan
3. diberi
4. diberikan
5. diberi, berikan
6. berikan
7. beri
8. memberi
9. diberikan
10. diberikan

Langkah 3.
1. dibicarakan
2. menceritakan
3. dengarkan
4. kirimkan
5. saya bacakan
6. menjumlahkan

G5d. Langkah 3. *(continued)*

7. memberikan
8. menceritakan, menyenangkan
9. mengirimkan
10. memberikan

G5e. Langkah 3.

1. kawin	2. kawinkan	3. lahir
4. melahirkan	5. membawakan	6. makan
7. minum	8. tidur	9. menidurkan
10. mengenalkan	11. jual	12. meninggalkan
13. beli	14. memulangkan	15. pulang
16. sèwakan	17. cari	18. mencarikan

H. Interview

S: Bolèh saya bicara dengan Bapak sebentar?

B: Ó, tentu saja bolèh. Ada apa?

S: Apa Bapak bekerja di toko ini?

B: Ya, saya mèmang bekerja di sini. Sebenarnya, saya yang punya toko ini. Perlu apa?

S: Saya sedang mencari kamus Indónésia-Inggeris yang baik.

B: Ó, ada, di bagian sana. Sudah cari di sana?

S: Belum. Sebentar, Pak, ya, saya mau lihat di sana sebentar...yang ada hanya kamus yang kecil saja, Pak. Yang saya cari, kamus umum.

B: O, ada, kamusnya Echols dan Shadily.

S: Apa itu kamus Indónésia-Inggeris yang paling baik?

B: Ya, kamus itu memang kamus yang paling baik. Tapi itu mahal.

S: Berapa harganya, Pak?

B: Harganya limabelas ribu sekarang.

S: Wah, mahal sekali.

B: Mèmang biasa itu. Sekarang apa-apa mahal.

S: Ya, saya tahu. Tapi saya tidak bisa beli kalau harganya mèmang limabelas ribu. Uang saya hanya lima ribu.

B: Kalau begitu, lebih baik dibeli lain kali saja, kalau uangnya cukup.

S: Sudah. Apa ada cerita pèndèk Umar Kayam?

B: Wah, biasanya ada, tapi sekarang sudah habis.

S: Apa ada toko lain yang menjualnya barangkali?

B: Tidak ada, ya. Cerita-cerita Umar Kayam hanya dijual di toko ini saja.

S: Wah, sebenarnya saya perlu sekali. Minggu depan ada ujian mengenai cerita itu.

B: O, menjadi mahasiswa, ya?

S: Mèmang saya mahasiswa. Tahun ini saya belajar di Gajah Mada.

B: Apa sudah cari buku itu di toko bukunya yang di sekolah?

S: Sudah, dan yang punya toko itu menyuruh saya ke sini.

B: Wah, bagaimana, ya?

S: Apa Bapak bisa tolong carikan di belakang? Barangkali ada disimpan di tempat lain.

B: Sebentar, ya. Saya carikan dulu...Ini, masih tinggal satu. Ma'af, ya, beginilah bukunya.

S: Apa tidak ada yang lebih baik?

B: Wah, tidak ada. Ma'af, ya?

B: Baiklah. Tolong bungkuskan, ya? Berapa semuanya?

B: Harganya lima ribu. Tapi kalau saya bungkuskan, tambah seratus. Kertas kan mahal sekarang.

S: Ini enam ribu, Pak.

H. Interview *(continued)*

B: Tidak ada uang kecil? Saya tidak punya kembalinya.

S: Ini kan toko besar, mengapa tidak ada kembalinya!

B: Ya, sudah. Ini kembalinya.

S: Terima kasih, Pak. Boleh saya bertanya? Di mana saya bisa naik kol ke setasiun kereta api?

B: Kalau ke setasiun kereta api, tidak usah naik kol. Kan dekat. Bisa jalan dari sini.

S: Berapa jauhnya dari sini?

B: Hanya kira-kira setengah kiló dari sini.

S: Ó, kalau begitu, dekat sekali. Terima kasih, Pak. Permisi, ya?

CHAPTER 11

A3.   1. d 2. b 3. d 4. a 5. b 6. a 7. c 8. b 9. c 10. a

B3.   1. d 2. b 3. d 4. d 5. c 6. d 7. a 8. b 9. d 10. a

C3.   1. c 2. a 3. d 4. d 5. c 6. a 7. c 8. c 9. c 10. b

D3.   1. a 2. b 3. c 4. d 5. c 6. a 7. c 8. c 9. d 10. a

E3.   1. c 2. b 3. a 4. b 5. d 6. b 7. c 8. b 9. d 10. b

G1d.

1. berbicara	2. bicarakan	3. berkata
4. katakan	5. berkata	6. belajar
7. pelajari	8. bercerita	9. diceritakan
10. bekerja	11. dipelajari	12. dikatakan
13. ceritakan	14. kerjakan	15. bekerja
16. tanam	17. berbelanja	18. ditanyakan
19. berjanji	20. dikerjakan	

G1e.

1. bekerja	2. belajar	3. berbelanja
4. katakan	5. berjalan	6. berkata
7. bertemu	8. bercerita	9. ceritakan
10. berbahasa	11. bertamu	12. berbelanja
13. bertemu		

G1f.

1. katakan	2. berkata	3. berkata
4. pelajari	5. belajar	6. belajar
7. ceritakan	8. ceritakan	9. tanyakan
10. bertanya	11. bertanya	12. bekerja
13. kerjakan	14. bekerja	15. berbelanja

G2b.

1. Rumah kami rumah yang banyak pohon pisangnya di halamannya.
2. Kami tinggal di rumah yang sepuluh kamarnya.
3. Mustafa tinggal di hotèl yang empat ratus kamarnya.
4. Ibu yang pulpènnya baru itu teman saya, Tati.
5. Setasiun yang banyak kereta apinya di dalamnya setasiun Surabaya.
6. Mustafa, yang kakak dan adiknya banyak di sekolah ini, mengenalkan saya pada kepala guru.
7. Kaliurang kota yang udaranya dingin.
8. Jetis dèsa yang banyak sawahnya di dekatnya.
9. Surabaya kota yang banyak jalannya dan tokonya.
10. Ibu Sri seorang perempuan yang banyak temannya orang Amèrika.

G3c.
1. Kita hanya akan tinggal sebentar saja di Surabaya.
2. Pak Mustafa tidak lama di Amèrika.
3. Pohon pisang di halaman kami hanya sedikit saja.
4. Saya hanya bisa sedikit-sedikit saja berbahasa Indónésia.
5. Kerèta api malam hanya dua puluh menit saja terlambat.
6. Saya hanya bisa pergi sebentar saja.
7. Mari kita beli bukunya di toko lain saja. Di sini terlalu mahal harganya.
8. Mari kita makan di rumah makan Pak Amat saja nanti malam.
9. Hotèl Garuda jauh sekali. Bagaimana kalau Anda tinggal di rumah kami saja.
10. Kami baru saja bertemu di pasar tadi pagi. Kami tidak berbicara lama.
11. Tidak usah kita ke restoran. Mari kita makan malam di rumah saja.
12. Jangan taruh buku itu di lemari. Ditaruh di sini saja.
13. Kita tidak perlu menunggu lama. Mari kita berangkat sekarang saja.
14. Sudah malam. Mari kita tidur saja.
15. Kamu belajar di sekolah saja dengan Jon nanti malam. *or* Kamu belajar di sekolah dengan Jon saja nanti malam.
16. Mari kita naik kerèta api saja dari Yokyakarta ke Surabaya.
17. Tanya saja pada Mustafa di mana rumah Jon. *or* Tanya pada Mustafa saja di mana rumah Jon.

CHAPTER 12
A3.   1. b   2. b   3. c   4. d   5. d   6. c   7. a   8. c   9. a   10. d
B3.   1. c   2. d   3. c   4. b   5. a   6. b   7. c   8. d   9. b   10. d
C3.   1. c   2. c   3. a   4. d   5. b   6. c   7. a   8. c   9. b
D3.   1. c   2. b   3. d   4. c   5. d   6. b   7. c   8. d   9. d   10. b

F1a. Langkah 2.

1. mendatangi	2. datang	3. lèwati
4. lèwat	5. duduk	6. menduduki
7. masuk	8. memasuki	9. naik
10. menaiki	11. dekat	12. mendekati
13. ikut	14. mengikuti, mengikutinya	15. mengirim
16. mengirimi	17. tidur	18. ditiduri
19. menulis	20. menulisi	

Langkah 3.

1. masuk	2. mengunjungi	3. ditanam
4. melèwati	5. ditanami	6. meniduri
7. duduk	8. datang	9. lèwat
10. tidur	11. menjalani	12. ikut
13. menduduki	14. duduk	15. jalan

F1b.

1. naik	2. masuk	3. lèwat
4. ikut	5. memasuki *or* masuk	6. mengikuti
7. menaiki	8. menaiki	9. lèwat
10. dekat		

F1c. Langkah 1.

1. memasukkan	2. memasuki	3. mendatangi
4. mendatangkan	5. mendekatkan	6. mendekati
7. mendudukkan	8. menduduki	9. menjalankan
10. menjalani	11. menaikkan	12. menaiki *or* naik
13. dikirimi	14. dikirimkan	15. diikutkan

F1c. Langkah 1. *(continued)*

16. diikuti
17. dilèwatkan
18. dilèwati
19. dijauhi
20. menjauhkan

Langkah 2.

1. dimasukkan
2. mendatangkan
3. mendatangi
4. mendatangi
5. memasukkan
6. mengirimkan
7. dikirimi
8. memasuki
9. didatangkan
10. diduduki
11. menjalaninya
12. menidurkan
13. mendekati
14. dilèwati
15. dinaikkan

Langkah 3.

1. dimasuki
2. masuk
3. dimasukkan
4. duduk
5. mendudukkan
6. duduki
7. datang
8. mendatangi
9. mendatangkan
10. datang
11. naik
12. dinaiki
13. dinaikkan
14. ditanam
15. ditanami

Langkah 4.

1. mendatangi
2. lèwati
3. ikut
4. duduk
5. mendekati
6. menanam *or* menanamkan
7. mengirimkan *or* kirimkan
8. tulis
9. memasukkan *or* masukkan
10. datang
11. mengirimi
12. tidur
13. ditanami
14. lèwat *or* melèwati
15. ikut *or* diikutkan

F3b.

1. Ndak gitu jauh kok. Dekat aja.
2. Ó, saya dari Jakarta, bukan orang sini, kok.
3. Saya bukan orang sini, kok. Saya orang kota juga.
4. Senang, kok.
5. *Kok tidak cocok di sini.*
6. Ndak begitu banyak. Cuma dua mangkok, kok.
7. Ndak mahal. Ndak sampai seribu, kok, harganya.
8. Ndak diapa-apakan. Dimakan anak sendiri, kok.
9. Bibiku guru. Bukan kepala sekolah, kok.
10. *Kok tidak cocok di sini.*
11. *Kok tidak cocok di sini.*
12. Ó, ndak, kok. Saya kan orang baru juga.
13. Bisa, kok! Semua penduduk dèsa ini bisa omong Indónésia, kok!

G. Interview

J: Kita ke mana hari ini, Mas Gatot?
G: Ke mana, ya? Rasanya semua sudah kita lihat di desa ini.
J: Apa ada sekolah di dèsa ini?
G: Ada. Masa Mbak Jane mau mengunjungi sekolah?
J Mengapa tidak? Apa sekolahnya jauh dari rumah ini?
G: Ndak kok. Ndak begitu jauh. Kebetulan kepala sekolahnya masih bibi saya.
J: Kok ndak dulu-dulu bilang sama saya mengenai sekolah ini?
G: Ya, saya kira Mbak Jane ndak senang mengunjungi sekolah. Ayó kita ke sana sekarang.
J: Baiklah. Pemandangan di kiri-kanan indah sekali, ya?
G: Ya, memang indah, ya? Saya senang sekali pemandangan di dèsa.
J: Waduh, sulit betul berjalan di atas pematang yang licin ini.

G. Interview *(continued)*

G: Hati-hati, Mbak Jane.

J: Sawah-sawah ini apa baru saja ditanami, Mas? Masih hijau-hijau semua.

G: Ya, sawah-sawah ini baru saja ditanami.

J: Apa itu sekolahnya?

G: Ya, mèmang itu sekolahnya. Mari kita ke kantor bibi saya.

J: Selamat pagi, Bu. Nama saya Jane. Saya teman Mas Gatot.

B: Saya senang sekolah kami Nak Jane kunjungi.

J: Barangkali saya ingin mempelajari pendidikan di Indónésia nanti. Bisa saya bertemu dengan anak-anak?

B: Boleh saja, Nak Jane. Mari ikut saya.

...

J: Anak-anak, nama saya Jane.

M: Kalau naik pesawat dari Amérika ke sini, berapa jam, Mbak?

J: Kira-kira dua hari, karena harus tinggal di Hong Kong satu malam.

M: Wah, lama betul, ya?

J: Kok diam saja? Mana pertanyaannya?

...

J: Siapa yang mengerjakan kebun ini, Bu?

B: Anak-anak sendiri yang mengerjakan kebun ini.

J: Hasilnya diapakan?

B: Ó, biasanya dimakan anak-anak sendiri.

J: Wah, ini sudah siang, Bu. Terima kasih banyak. Mari, Bu.

B: Ke sini lagi kalau ke dèsa ini, ya.

CHAPTER 13

A3. 1. b 2. d 3. b 4. d 5. b 6. a 7. b 8. c 9. b 10. c

C1.

1. Anak saya delapan.
2. Abang saya, anaknya dua yang perempuan dan satu yang laki-laki.
3. Mustafa, adiknya dua.
4. Jon, anaknya sudah tiga.
5. Di kantor kami ada tujuh majalah.
6. Mus, rokoknya masih tinggal enam bungkus.
7. Saya hanya punya satu pulpèn.
8. Meréka punya empat anak laki-laki yang tinggal di Bandung.
9. Yus, adiknya dua: Mus dan Tati.
10. Anak meréka yang perempuan, anaknya banyak.

C3.

1. siapa-siapa	2. di mana-mana	3. apa-apa
4. yang murah saja	5. ke mana-mana	6. siapa-siapa
7. di mana-mana	8. yang mahal-mahal	9. yang lebih baik
10. ke mana-mana		

C4.

1. Ke mana-mana saya lihat ada orang menjual ubi.
2. Ke mana-mana saya pergi isteri saya ikut.
3. Saya tidak bisa beli apa-apa yang mahal.
4. Mengapa dia tidak bawa apa-apa ke sekolah?
5. Siapa saja yang ingin ambil buku itu bolèh.
6. Saya sudah cari rumah ke mana-mana, tapi tidak ketemu.

C4. *(continued)*

7. Saya tidak ketemu apa-apa yang lebih baik.
8. Biar dia saja yang membawa yang besar-besar.
9. Taruh saja buku itu di mana saja.
10. Sekarang apa-apa mahal.

C6c.

1. membeli	2. jual, makan	3. membeli	4. melèwati
5. sèwa	6. menyèwa	7. dijual	8. dibaca
9. membaca	10. dicari		

D3.   1. b 2. b 3. c 4. a 5. a 6. b 7. d 8. b 9. d 10. a
D5.   1. b 2. a 3. b 4. b 5. d 6. b 7. b 8. b 9. b

E1.

1. berbicara	2. kerjakan	3. bekerja
4. bersekolah	5. disekolahkan	6. diceritakan
7. belajar	8. dipelajari	9. berkata
10. berbelanja		

E2.

1. mengajar	2. bertamu	3. mengenalkan
4. bertemu	5. menceritakan	6. kenal
7. berbelanja	8. tanyakan, kerjakan	9. katakan
10. bekerja		

E4.

1. kawin	2. tidur	3. kembali
4. lahir	5. mengawinkan	6. menidurkan
7. tinggal	8. mengembalikan	9. melahirkan
10. meninggalkan	11. datang	12. didatangkan
13. dingin, dipanaskan	14. dudukkan	15. menghidupkan, hidup
16. kenal, kenalkan	17. dipindahkan	18. merèpotkan
19. bagus, senang	20. sèwakan	

E5.

1. berikan	2. diberi	3. beri
4. diberikan	5. diberikan	6. diberi
7. diberi	8. diberi	9. diberi
10. memberikan		

F2.

1. masuk	2. memasuki	3. mendatangi
4. datang	5. lèwat	6. melèwati
7. ikut	8. memasuki	9. masuk
10. mendatangi	11. datang	12. mendatangi
13. datangi	14. melèwati	15. masuk
16. mengikuti	17. masuk	18. lèwat
19. datang	20. ikut	21. diduduki
22. duduk	23. belajar	24. pelajari
25. pelajari	26. ditulisi	

F3.

1. dimasukkan	2. dimasuki	3. memasuki
4. memasukkan	5. didatangi	6. didatangkan
7. mendatangi	8. mendatangkan	9. dimasuki
10. dimasukkan	11. memasukkan	12. memasuki
13. didatangi	14. didatangkan	15. mendatangkan

F3. *(continued)*

16. masuki	17. masukkan	18. menjalankan
19. jalani	20. ditanami	21. detemui
22. mendekati	23. mendekati	24. mengirimkan

F4.

1. dimasuki	2. masuk	3. datang
4. didatangi	5. dimasukkan	6. masuk
7. datang	8. didatangkan	9. melèwati
10. dimasukkan	11. dimasuki	12. dikirimi
13. dekat	14. tidur	15. didudukkan
16. mennaikkan	17. jalan	18. menjauhi
19. ditanami	20. jauh	21. ditemui

G. Interview

J: Selamat soré, Bu. Mas Mus sudah pulang kerja?

L: Ó, belum. Biasanya, jam empat begini dia sudah pulang. Ndak tahu, ya, kenapa dia belum pulang.

J: Biasanya, dia datang jam berapa, Bu?

I: A, itu dia baru sampai.

J: Hai, Mus. Dari mana? Kok lama sekali pulangnya, ya?

G: Ó, sudah lama menunggu, Jane?

J: Belum, kok. Baru tiga jam.

G: Ah masa!

J: Ayó kita berangkat ke setasiun. Supaya bisa cepat sampai.

G: Tunggu dulu. Saya belum siap!

J: Belum lagi siap! Ada apa lagi ini?

G: Ya, masih ada beberapa barang lagi yang harus kita beli.

J: Apa saja yang masih belum dibeli?

G: Makanan untuk di jalan, dan olèh-olèh untuk dibawa pulang ke dèsa.

J: Ó, ya. Tapi itu kan bisa dibeli di jalan—maksud saya kita mampir di toko dekat setasiun beli apel beberapa kiló.

G: Bolèhlah. Tapi, ya, masih ada itu . . . buku yang harus kita bawakan untuk adik saya.

J: Ó, ya mèmang itu. Bagaimana kalau kita berangkat sekarang saja dan mampir di toko buku di jalan ke setasiun?

G: Ó, di toko buku Gunung Agung, ya? Nah, kalau sudah habis bukunya di sana, bagaimana?

J: Nah, kita cari di tempat lain saja kalau gitu. Tapi saya pernah lihat ada di sana. Buku itu banyak, kan. Kan dipakai di mana-mana. Jadi, mesti ada.

G: Ó, ya. Tidak akan sulit mencarinya. Tapi bagaimana, kita tèlpon saja dulu?

J: Ah, jangan ditèlpon. Jangan rèpot-rèpot. Kita mampir saja, sambil jalan ke setasiun.

G: Ayó, Bu, kami akan berangkat!

J: Permisi, Bu.

(Setelah membeli buku, olèh-olèh, dan sampai di tempatnya)

G: Nah, ini kita sudah sampai. Mari kita turun, Jane.

J: Wah, bagus sekali di sini, Mus. Ènak dan segar udaranya. Rumahnya jauh dari sini?

G: Ó, ndak. Kita ikuti saja jalan kecil itu, dan sebentar lagi sudah sampai.

G. Interview *(continued)*

J: Kenapa ndak ada rumah kelihatan?

G: Ada kok, di depan. Ayó!

J: Aduh! Berat sekali apel ini.

G: Mari saya bawa.

J: Masih jauh?

G: Kenapa sih? Sudah capai?

J: Capai sih tidak, tapi mari kita duduk dulu sebentar.

G: Jangan. Sudah hampir malam.

J: Bagus, ya, ini. Tanaman apa ini? Lombok ini?

G: Ó, bukan. Itu pohon kopi, Jane. Lombok kan kecil tanamannya.

J: Ini, musim apa? Musim hujan?

G: Ó, belum. Ini masih musim panas. Lebih sebulan lagi baru musim hujan mulai.

J: Jadi, sampai bulan Október, ya? Kalau musim hujan selalu hujan mesti, ya?

G: Ndak selalu, tapi kalau soré begini, biasanya hujan.

J: Ah, itu sudah kelihatan rumah banyak. Mana rumahmu, Mus?

G: Itu di depan. Yang ada sayur di halamannya!

J: Ó, yang ada pohon pisang di sebelah kirinya?

G: Ya, itu. Mari.

J: Aduh, rupanya tidak ada orang di sini.

G: Ada kok. Barangkali dia masih di belakang masak. Bu . . . saya sudah sampai ini. Ah, itu ibu saya. Mari saya kenalkan. Bu, saya bawa teman dari Bandung. Dia sudah pintar omong Indónésia, kok, Bu.

B: Bu Marno.

J: Jane.

B: Selamat datang, Mbak Jane. Makan apa nanti, Nak?

J: Apa saja yang adalah. Kalau makanan Indónésia, cocok sekali untuk saya, Bu.

B: Jadi, sudah cocok di sini, ya?

J: Sudah, Bu.

G: Mari kita minum dulu.

J: Habis minum, bagaimana? Kita jalan-jalan ke rumah orang?

G: Boléh. Tapi makan dulu, ya?

J: Atau begini saja. Mari kita mandi dulu. Habis mandi, makan. Dan habis itu, jalan-jalan di désa. Lihat bagaimana keadaan di sini.

G: Bésok saja kita lihat keadaan désa. Ini kan sudah gelap. Tidak kelihatan apa-apa.

J: Mèmang. Saya permisi dulu untuk mandi.

G: Tunggu sebentar, Jane. Saya ambilkan handuk.

J: Jangan rèpot-rèpot. Ini ada yang saya bawa.

CHAPTER 14

A3. 1. d 2. b 3. d 4. c 5. c 6. b 7. d 8. b 9. d 10. b

B3. 1. c 2. c 3. c 4. b 5. c 6. b 7. d 8. c 9. b 10. d

C3. 1. c 2. d 3. c 4. d 5. c 6. d 7. a 8. b 9. d 10. d

D3. 1. d 2. b 3. d 4. a 5. a 6. b 7. c 8. d 9. c 10. a

E5. 1. a 2. c 3. b 4. d 5. c 6. d 7. b 8. a 9. c 10. c
11. d 12. c 13. d 14. a 15. d 16. d 17. a

G1a.

1. ada	2. diadakan	3. besar
4. dibesarkan	5. naik	6. dinaikkan
7. dikosongkan	8. kosong	9. melahirkan
10. sekolah	11. sekolahkan	12. duduk
13. didudukkan	14. merèpotkan	15. rèpot
16. mengawinkan	17. kawin	18. dihabiskan
19. habis	20. senang	21. menyenangkan
22. ingatkan	23. ingat	24. didatangkan
25. datang	26. tidur	27. menidurkan
28. menyedihkan	29. sedih	30. diinginkan
31. dingin	32. bèlok	33. membèlokkan

G1b.

1. dengar	2. dengarkan	3. bertanya
4. tanyakan	5. bicara	6. bicarakan
7. memasakkan	8. dimasak	9. ambil
10. bekerja	11. dikerjakannya	12. tinggal
13. dibelikan	14. membelikan	15. bicara
16. dengar	17. menyèwakan	18. mandi
19. memandikan	20. berjanji	21. janjikan
22. dibacakan	23. diberi	

G1c.

1. diduduki	2. dudukkan	3. mengawinkan
4. mengawini	5. kirimkan	6. dikirimi
7. ditanami	8. menempatkan	9. menempati
10. menidurkan	11. menidurkan	12. tuliskan
13. ditulisi	14. mengikuti	15. diikutkan
16. menjalankan	17. dijalani	18. melewati
19. naiki	20. dimasukkan	

G1d.

1. mendengarkan, membacakan	2. kerjakan	3. membicarakan
4. memandikan	5. dengar, menyèwakan	6. bawa
7. membeli *or* beli	8. menghabiskan	9. mencarikan
10. jumlahkan	11. membantu	12. menyelamatkan
13. menanam	14. dengar *or* dengarkan	15. mengirimkan
16. senang	17. memindahkan	18. membersihkan
19. lahir	20. mendengarkan	21. merèpotkan
22. dijadikan	23. dimasukkan	24. mengumpulkan
25. mengosongkan	26. siap	27. disiapkan
28. didatangkan	29. bungkus *or* bungkuskan	

G3b.

1. berbicara	2. berjalan	3. berjanji
4. bermain	5. bertanya	6. bekerja
7. berbelanja	8. bercerita	9. bekerja
10. berkumpul	11. berlari	12. berpindah
13. belajar	14. berteduh	15. bertemu
16. berkunjung	17. belajar	

G3d.

1. teman	2. berteman	3. saudara
4. bersaudara	5. bertunangan	6. bertunangan
7. tunangan	8. berteman	

G3e.

1. lima	2. berlima	3. berdua
4. dua, tiga	5. dua	6. berdua
7. dua		

G4.

1. Dia adalah guru saya.
2. *Adalah tidak bisa disisipkan di sini.*
3. Jakarta adalah ibukota Indónésia.
4. Jakarta juga adalah pusat perdagangan.
5. Tapi Surabaya adalah ibukota Jawa Timur.
6. Dèsa itu adalah dèsa tempat saya dilahirkan.
7. *Adalah tidak bisa disisipkan di sini.*
8. *Adalah tidak bisa disisipkan di sini.*
9. Pak Rahmat adalah penduduk dèsa yang paling tua.
10. Yang mengajar Bahasa Indónésia adalah Mas Jon, tapi Bu Tri yang mengajar Bahasa Inggeris.
11. Yang punya sawah itu adalah Pak Rahmat.
12. *Adalah tidak bisa disisipkan di sini.*
13. Yang rusak kemarin adalah pesawat itu juga.
14. *Adalah tidak bisa disisipkan di sini.*
15. *Adalah tidak bisa disisipkan di sini.*
16. *Adalah tidak bisa disisipkan di sini.*
17. Yang menanam itu semua anak-anak kelas tiga, tapi yang di sebelah sana, anak-anak kelas dua yang menanamnya.
18. *Adalah tidak bisa disisipkan di sini.*
19. Ini adalah jeruk lain.
20. *Adalah tidak bisa disisipkan di sini.*

H. Interview

SA: Ó, Tante cari kasèt Indonesia, ya? Kasèt Indónésia sih di sebelah belakang. Mari saya tunjukkan.

Y : Sebetulnya saya cari kasèt musik Minangkabau. Apa di sini ada kasèt Elly Kasim?

SA: Ó, Tante senang Elly Kasim rupanya. Ini, di sini ada.

Y : Apa ini bolèh dicoba?

SA: Ó, mau dicoba. Silakan. Ini ada mesin yang lagi tidak dipakai.

Y : Saya ambil tiga. Berapa sih harganya?

SA: Semua kasèt di toko ini seribu harganya.

Y : Wah, kok mahal sekali? Masa seribu! Apa bolèh ditawar?

SA: Aduh, Tante, ini kok nawar segala. Kan kasèt biasanya harga pas.

Y : Ya sudahlah. Tolong dibungkus, ya.

SA: Anu, Tante, dibawa ke kassa saja. Nanti di sana dibungkusnya.

Y : É, Eka!

E : Dari mana ini, Carol?

Y : Saya baru beli kasèt di toko itu. Sudah lama saya ingin punya kasèt Elly Kasim.

E : Senang musik Minangkabau, ya?

Y : Sudah lama saya senang. Itu, buah yang Eka bawa itu, buah apa itu?

E : Ó, ini. Ini jeruk bali namanya.

Y : Ó, itu yang namanya jeruk bali. Sudah banyak saya dengar namanya, tapi belum pernah lihat.

H. Interview *(continued)*

E: Ayó ikut ke rumah saya. Bisa makan jeruk balinya sama-sama.
Y: Bolèhlah. Saya mau saja. Jeruk bali ini bagaimana makannya?
E: Dikupas dulu kulitnya.
Y: Maksud saya, tidak perlu dimakan dengan apa-apa lagi?
E: Ndak, dimakan gitu aja!
Y: Hmm, rasanya seperti semacam jeruk yang ada di América.
E: Nah, enak, kan?

CHAPTER 15

A3.   1. c 2. d 3. a 4. d 5. c 6. c 7. c 8. c 9. d 10. a
B3.   1. d 2. d 3. b 4. c 5. a 6. a 7. b 8. b 9. c 10. d
C3.   1. d 2. d 3. c 4. d 5. c 6. a 7. c 8. c 9. b 10. b
D3.   1. c 2. b 3. c 4. d 5. b 6. c 7. b 8. a 9. c 10. d
E7.   1. d 2. c 3. d 4. a 5. d 6. c 7. b 8. d 9. b

G1a.

1. terbuat	2. dibuat	3. diambil
4. terambil	5. dicètak	6. tercètak
7. termakan	8. dimakan	9. tertanam
10. ditanam	11. tertolong	12. ditolong
13. dibunuh	14. dibunuh, dibunuh	15. dibungkus
16. terbungkus	17. terbeli	18. dibeli
19. tertulis	20. ditulis	

G1b.

1. terkumpul	2. dikumpulkan	3. termasuk
4. dimasukkan	5. ditinggalkan	6. tertinggal
7. dipikirkan	8. terpikir	9. tersedia
10. disediakan	11. terendam	12. direndamkan

G1c.

1. ditidurkan	2. tertidur	3. tertinggal
4. dimasukkan	5. dibuka	6. terlihat *or* kelihatan
7. terbuka	8. tertangkap	9. dibuat
10. dibuatkan	11. terbayar	12. tertulis
13. dibayarkan	14. didudukkan	15. terduduk
16. diingatkan	17. dicari	18. teringat
19. diceritakan	20. diberikan, diminta	

G1d.

1. tidur	2. tertidur	3. terduduk
4. duduk	5. terbangun	6. bangun
7. tutup	8. tertutup	9. buka
10. buka	11. dapat	12. terdapat
13. ingat	14. teringat	15. termasuk
16. masuk		

G1e.

1. merasa	2. terasa	3. merasa
4. merasa	5. terasa	6. merasa
7. terasa	8. merasa	9. merasa
10. merasa	11. merasa	12. merasa
13. terasa	14. terasa	15. merasa
16. merasa		

G3.

1. makin panas, makin capai
3. makin sedikit, makin sulit
5. makin lama, makin banyak
7. makin lama, makin sedikit
9. makin tua, makin sulit

2. makin jauh, makin sakit
4. makin banyak, makin senang
6. makin dekat, makin banyak
8. makin lama, makin susah
10. makin banyak, makin cepat

H. Interview

A : Numpang tanya, Pak. Apa Bapak tahu orang yang punya rumah kontrakan di dekat sini?

M : Kebetulan saya sendiri mau mengontrakkan rumah. Anak cari rumah yang bagaimana?

A : Saya dengar dari teman, ada seorang bapak di dèsa ini yang punya rumah yang agak kecil yang mau dikontrakkan. Kalau tidak salah, namanya Pak Mantri.

M : Ya, saya ini Pak Mantri. Jadi anak mau mengontrak rumah yang agak kecil.

A : Ya, Pak, kan saya akan tinggal sendiri saja di dèsa ini.

M : Tapi rumahnya terbuat dari bambu, Nak. Terlalu sederhana untuk Anak.

A : Saya justru cari yang berbuat dari bambu kok. Saya belum pernah tinggal di rumah yang terbuat dari bambu. Mau mencoba.

M : Ya, kalau anak mèmang mau, saya mau bilang apa? Kan Anak yang akan tinggal di sana.

A : Berapa kontrakannya setahun, Pak?

M : Empat puluh ribu, Nak. Sudah murah itu.

A : Ya, bolèhlah. Kapan saya bisa melihat rumahnya?

M : Sekarang juga bisa kalau mau. Mari ikut saya.

A : Ó, ini rumahnya? Tidak terlalu kecil, ya?

M : Tapi saya rasa tidak terlalu besar juga. Mari kita lihat dalamnya.

A : Lumayan juga, Pak. Perabotnya ini juga ikut, kan?

M : Ya, mèmang saya ikutkan. Ó ya, rumah ini belum ada listrik dan air lèdingnya. Bagaimana?

A : Ndak apa-apa, Pak. Tapi ada sumur di belakang, kan?

M : Ada. Hanya airnya mesti direbus dulu, baru bisa diminum.

A : Saya mengerti. Kan air lèding pun mesti direbus. Wah, bukan main indahnya kebun bunga ini!

M : Ya, kalau saya lagi tidak ada pekerjaan, saya ke sini, bekerja di kebun ini. Saya senang sekali menanam bunga.

A : Saya juga. Anu, Pak, pintu ini ada kuncinya?

M : Ada, tapi entah di mana. Nanti saya suruh cari.

A : Jadi, kapan rumah ini bisa ditempati, Pak?

M : Kapan saja. Bagaimana, senang, ndak?

A : Senang juga, tapi saya minta waktu seminggu-dua minggu untuk berpikir. Kalau tetangga-tetangga, bagaimana, Pak?

M : Mereka baik-baik orangnya. Seperti saya katakan tadi, rumah ini sederhana saja, tapi indah.

CHAPTER 16

A3. 1. b 2. c 3. b 4. a 5. c 6. b 7. c 8. b 9. d 10. b
B3. 1. c 2. b 3. d 4. c 5. b 6. c 7. a 8. b 9. d 10. b

CHAPTER 16 *(continued)*

C3.   1. b 2. b 3. a 4. c 5. b 6. b 7. a 8. a 9. a 10. c

D3.   1. d 2. d 3. a 4. a 5. b 6. d 7. a 8. a 9. d 10. c

E3.   1. c 2. c 3. d 4. b 5. a 6. a, b 7. d 8. a 9. c 10. b 11. d 12. a 13. c 14. b

G1b.

1. sebanyak ini	2. setinggi	3. semalas
4. sebesar	5. sebaik	6. secantik
7. sebagus	8. selengkap	9. setua
10. semurah	11. seterang	12. sekuat
13. sedingin	14. secepat	15. sekecil

G1c.

1. seluruh	2. setiap	3. setahu saya
4. semua	5. sekitar	6. semua
7. selama	8. sepanjang	9. seluruh
10. semua	11. seingat saya	12. seluruh
13. semua	14. setiap	15. semua
16. sekitar	17. selama ini	18. seluruh
19. semua	20. seingat dia	

G1f.

1. sebanyak ini	2. seluruhnya
3. secepat-cepatnya	4. sehabis kerja
5. semalam-malaman	6. sebesar
7. sebaiknya	8. sekota
9. selama	10. sehari-harian
11. semurah-murahnya	12. sesudah
13. seterimanya, secepat-cepatnya	14. sejadinya
15. selambat-lambatnya	16. sepanjang
17. sebanyak-banyaknya	18. sebanyak-banyaknya
19. sesampainya di sana	20. seluruhnya
21. seharusnya	22. sebenarnya
23. sepanjang	24. sejelas mungkin *or* sejelas-jelasnya

25. seluruh, sebersih mungkin *or* sebersih-bersihnya

G2c.

1. baik-baik	2. sering-sering	3. pelan-pelan
4. baik-baik *or* diam-diam	5. bagus-bagus	6. bersih-bersih
7. jelas-jelas	8. cepat-cepat	

G2d.

1. mahal-mahal dan bagus-bagus	2. cepat-cepat
3. jalan-jalan	4. rajin-rajin
5. pelan-pelan	6. bermain-main
7. jelas-jelas	8. senang-senang
9. dekat-dekat	10. apa-apa, melihat-lihat
11. di mana-mana	12. ribut-ribut
13. mahal-mahal	14. tinggi-tinggi
15. tenang-tenang	

G3.

1. kalau	2. kapan	3. waktu
4. waktu	5. kapan	6. kalau
7. kapan	8. kalau	9. kalau
10. waktu	11. kapan	12. kalau
13. kapan	14. waktu	15. waktu
16. waktu	17. kapan	18. kalau
19. kapan	20. waktu	

H. Interview

A: Selamat siang, Bu. Apa betul Ibu Bu Lumenta?

B: Betul. Ada urusan apa, ya?

A: Begini, Bu. Saya pernah menulis surat kepada LIPI mengenai rencana riset saya di Irian Jaya.

B: Coba saya lihat dulu di buku saya. Kapan, ya, surat itu dikirim?

A: Kira-kira tiga bulan yang lalu, Bu.

B: Nah, ini sudah saya temukan. Bagaimana kalau kita duduk di meja tulis saya saja?

A: Sesuka Ibu. Jadi bagaimana, Bu, apakah permohonan saya sudah dibicarakan di LIPI sini?

B: Begini, Saudari Abby. Soal yang mau Saudari pelajari itu menurut kami baik sekali. Hanya setahu saya Saudari belum punya sponsor, ya?

A: Sebetulnya, sudah, Bu. Saya sudah menghubungi Rèktor Univèrsitas Cenderawasih di Jayapura, bertanya apakah merèka bersedia mensponsori riset saya. Dan saya dibertahu bahwa merèka bersedia, dan akan menulis surat kepada LIPI.

B: O, begitu. Kami belum pernah terima surat merèka. Tapi kalau merèka menunggu keputusan apakah BAKIN memberi izin.

A: Berapa lama biasanya, Bu?

B: Itu saya tidak tahu. Tergantung Saudari mau riset di mana. Juga tentang apa risetnya. Tapi saya kira tidak akan ada persoalan kok. Mengapa Saudari Abby tertarik dengan Irian Jaya?

A: Tahun pertama saya di univèrsitas, teman sekamar saya berasal dari Irian Jaya. Dia banyak bercerita tentang Irian Jaya.

B: Dari mana dia persisnya?

A: Dari Biak. Juga dosèn saya ada yang pernah mengadakan riset tentang orang Dani. Di perpustakaan kami banyak buku tentang Irian Jaya.

B: Wah, enaknya belajar di univèrsitas di Amerika! Kadang-kadang di sini saja belum ada buku tentang Indónésia, di sana sudah ada malahan.

A: Betul, Bu. Jadi, selambat-lambatnya kapan saya bisa diberitahu olèh LIPI?

B: Seperti tadi saya katakan, Saudari, semuanya tergantung pada keputusan dari BAKIN. Sekeluarnya keputusan itu, Saudari akan kami beritahu secepat-cepatnya. Saya kira mungkin dua-tiga bulan lagi baru keluar keputusannya.

A: Seandainya saya tidak diberi izin, bagaimana, Bu?

B: Itu jarang terjadi. Tapi seandainya Saudari tidak diberi izin, ya Saudari harus mengubah rencana riset.

CHAPTER 17

A3. 1. d 2. c 3. d 4. b 5. d 6. a 7. b 8. c 9. d 10. c

B3. 1. d 2. c 3. b 4. d 5. c 6. a 7. a 8. d 9. a 10. a

C3. 1. d 2. c 3. c 4. b 5. b 6. c 7. d 8. a 9. c 10. c

D7. 1. c 2. b 3. a 4. c 5. b 6. b 7. d 8. b 9. a

F1c.

1. Bukan saya yang ke Surabaya, tapi abang saya.
2. Bukan buku yang saya beli, tetapi pènsil.
3. Bukan dia yang membeli rumah itu. Saya.
4. Bukan tèh yang dibuat Ibu, tapi kopi.

F1c. *(continued)*

5. Bukan rumah yang didirikan Mardi, tapi warung.
6. Bukan kertas yang disimpan Bapak, tapi uangnya.
7. Bukan Tono yang menjual tikètnya, tetapi pedagangnya.
8. Bukan Iwan yang membersihkan warungnya. Saya yang membersihkannya.
9. Bukan warungnya yang dibersihkan Iwan, tapi rumahnya.
11. Bukan dia yang memasukkan kursinya, tetapi Ibu.
12. Bukan Ibu yang membuat tèhnya, tetapi Tuti.
13. Bukan Tuti yang membeli buku, tetapi Iwan.
14. Bukan hakimnya yang membaca bukunya, tetapi Mardi.
15. Bukan saya yang mengambil kuènya, tetapi adik saya.
16. Bukan kuènya yang saya ambil, tetapi kopinya.
17. Bukan kantor pos yang dilihatnya, tetapi tokonya.
18. Bukan dia yang melihat kantor posnya, tetapi Mardi.

F2a.

1. ketiga anak saya
2. anak saya yang ketiga
3. anak laki-lakinya yang kesatu *or* pertama
4. kedua anak saya
5. kesepuluh orang itu
6. anak kedua
7. kunjungan saya yang kedua
8. ketujuh anak Pak Hadi
9. hari minggu ketiga
10. kelima teman kami
11. anaknya yang keempat
12. kedua rumah Bu Solèha
13. kelima buku barunya *or* bukunya yang baru
14. anak perempuan Pak Karimun yang kesepuluh

F2b.

1. berhari-hari	2. bersama-sama	3. berminggu-minggu
4. berjuta-juta	5. bersama-sama	6. berjam-jam
7. berpuluh-puluh	8. beribu-ribu	9. berbulan-bulan
10. beratus-ratus	11. bertahun-tahun	12. bersama-sama
13. berkiló-kiló	14. berkiló-kiló	15. berdua-dua *or* berdua
16. berbungkus-bungkus	17. berkamar-kamar	

F2c.

1. berdua	2. keempat	3. kedua
4. keempat	5. lima, kelimanya	6. bertiga
7. ketiga	8. keempat	9. kelima, dua
10. ketiga	11. berempat	12. lima, dua, kelima
13. kelima	14. keempat	15. kedua

F3d.

1. dibelikan	2. dibeli, didatangkan	3. datang
4. dibelanjakan, kembali	5. diberikan, diberi	6. dekatkan, dekat
7. ikut, ikut	8. dikembalikan, kembali	9. masukkan, masuk
10. keluarkan, keluar	11. pindah, pindahkan	12. naikkan, naik

F3e.

1. diajar	2. ajarkan	3. mengabarkan
4. dikabari	5. menanyai	6. tanyakan
7. beritahu, beritahukan	8. bayar	9. bayarkan
10. ditanami, ditanam		

F3f.

1. mengirimkan	2. mengirim	3. ditanam
4. ditanamkan	5. menanam	6. menyèwa, disèwakan
7. menyèwakan	8. menyèwa	9. dikontrak
10. dikontrakkan	11. mengontrak	12. dikontrakkan

F3g.

1. mendengarkan
2. bercerita
3. kawin
4. dibicarakan
5. nyalakan
6. siapkan
7. menghubungkan
8. mengambil
9. biasa
10. memikirkan
11. membesarkan
12. dinaikkan
13. dibagikan
14. dibeli, didatangkan
15. dikontrakkan, beritahu

F3h.

1. ditambah
2. ditambahkan
3. diberi, datang
4. diberikan, datang
5. dikeluarkan, dibagikan
6. keluar, duduk
7. meninggalkan
8. tinggal
9. menyuruh, kembali
10. mengembalikan
11. memindahkan, disèwa
12. menyèwakan, pindah
13. mengirim, mengabarkan
14. dikirim, mengirim *or* mengirimkan, mengontrak
15. dikirim, mengajar, menambah
16. diajarkan, menempatkan
17. makan, menurunkan
18. dekat, mengumpulkan
19. mendekatkan
20. mengontrak
21. menempatkan, belanja, lèwat
22. membelanjakan, masukkan
23. naikkan, turunkan
24. memukul
25. pukulkan
26. menurun, menambah
27. meneruskan, ikut
28. menghubungkan
29. menghubungi
30. diceritakan

F4b.

1. kuhabiskan, makananku
2. bagiku
3. didapatnya
4. aku, untuknya
5. dia, untukmu
6. aku, untukku
7. diminumnya
8. ibumu
9. kamu *or* engkau
10. dibuatnya, untukmu

F6.

1. Si Jampang mati karena kena tèmbak.
2. Saya kena marah olèh guru karena saya tidak tahu pelajaran itu.
3. Jangan taruh di luar mèja itu, nanti kena hujan.
4. Kaki saya kena batu, sakit sekali rasanya.
5. Kepala saya kena pukul tadi pagi.
6. Pakaian itu kena panas sehari-harian.
7. Jangan dipakai celana itu. Sudah kena air.
8. Tangan saya kena api waktu masak tadi siang.
9. Tutup kepala kalau naik kerèta api, nanti kena abu rambutnya.
10. Tangan saya kena pisau.

G. Interview

V : Selamat soré, Pak. Nama saya Leslie. Saya baru saja pindah ke rumah Bapak Kepala Dèsa di sebelah ini tadi pagi.

W : Ó, tetangga yang baru. Memang saya dengar dari Bapak Kepala Desa, ada orang Amerika yang akan tinggal di sebelah. Mari, silakan masuk. Nama saya Wayan Astika. Biasanya saya dipanggil Pak Wayan. Mari, silakan duduk.

V : Terima kasih, Pak. Maksud saya datang ke sini ini, ingin berkenalan dengan tetangga kiri-kanan.

W : Wah, sayang isteri saya masih pergi mengunjungi ibunya. Tapi nantilah kalau dia sudah pulang, saya ajak bertamu ke rumah Nak Leslie.

V : Silakan, kapan saja. Bapak dan Ibu apa sudah lama tinggal di dèsa ini?

G. Interview *(continued)*

W : Wah, sudah bertahun-tahun, Nak. Malah sudah lupa sejak kapan. Nak Leslie tentunya rèpot sekali, ya, baru pindah?

V : Iya, Pak. Sekarang pun masih belum semua bèrès.

W : Apa perlu saya tolong nanti?

V : Ó, ndak usah, Pak. Terima kasih. Merèpotkan Bapak saja nanti. Wah, kok rèpot-rèpot saja, Pak?

W : Ah, seadanya saja kok. Ini Ketut, anak saya yang paling kecil. Dia suka bikin kué-kué.

V : Ayó, Dik Ketut, ikut duduk di sini.

W : Lhó, kok malah masuk. Malu dia, barangkali. Mari, kuenya dicoba.

V : Wah, ènak kuénya, Pak. Pintar sekali Dik Ketut bikin kué.

W : Nanti kapan-kapan biar dia bikin kué yang lain untuk Nak Leslie.

V : Kalau begini, pasti senang saya bertetangga dengan Bapak sekeluaraga.

W : Nak Leslie kerjanya apa di désa ini?

V : Saya membantu Bapak Kepala Dèsa menerangkan Keluarga Berencana kepada orang-orang di dèsa ini.

W : Ó, ya? Isteri saya juga sering ikut Bapak Kepala Desa menerangkan KB. Jadi, pasti nanti ketemu.

V : Bapak sendiri, apa kerjanya, Pak?

W : Saya dan Ibu berjualan pakaian di pasar. Sekarang kebetulan Ibu lagi pergi. Kalau Ibu lagi pergi begini, ya rèpot sekali.

V : Wah, hujan!

W : Jendèla harus ditutup supaya air hujan tidak masuk. Tolong tutupkan jendèla yang di sini ini, Nak. Biar saya yang menutup yang di sana.

V : Di mana lagi harus ditutup jendèlanya, Pak?

W : Sudah, ini saja. Biar Ketut menutup yang di belakang. Mari ngomong-ngomongnya diteruskan, Nak. Berapa lama Nak Leslie akan tinggal di dèsa kami?

V : Belum tahu, Pak. Paling sedikit satu tahun. Kalau saya senang, barangkali malah dua tahun. Maklum orang masih baru di sini.

W : Saya kira Nak Leslie akan senang tinggal di sini. Saya sendiri kan sudah bertahun-tahun di sini, tidak pernah ingin pindah.

CHAPTER 18

A3. 1. c 2. a 3. c 4. c 5. c 6. a 7. d 8. b 9. a 10. d

B3. 1. b 2. a 3. b 4. d 5. a 6. c 7. b 8. b 9. a 10. b

C3. 1. a 2. d 3. a 4. d 5. b 6. a 7. d 8. c 9. d 10. c

D3. 1. a 2. b 3. a 4. b 5. a 6. c 7. c 8. d 9. d 10. a

F1e.

1. kurang	2. kekurangan	3. kehilangan, kehilangan
4. kebanyakan	5. banyak	6. datang
7. kedatangan	8. kematian	9. mati
10. masuk	11. kemasukan	12. kejatuhan
13. jatuh	14. tinggal	15. ketinggalan
16. lupa	17. lupa	18. tidur
19. ketiduran		

F1f.

1. kebanyakan	2. hilang	3. lihat
4. kelihatan	5. kepanasan	6. hujan
7. kekurangan	8. ketahuan	9. habis
10. lupa, datang	11. kesiangan, datang	12. masuk

F1f. *(continued)*
13. keènakan, lupa
14. kurang
15. ketakutkan
16. dingin
17. masuk, kehujanan
18. jatuh
19. pergi, kemalaman
20. mati

F2b.
1. panas-panas
2. malam-malam
3. pagi-pagi
4. dingin-dingin begini
5. soré-soré
6. pagi-pagi
7. dingin-dingin
8. hujan-hujan
9. malam-malam
10. panas-panas
11. siang-siang
12. malam-malam
13. pagi-pagi
14. panas-panas
15. dingin-dingin
16. malam-malam dingin-dingin
17. hujan-hujan
18. soré-soré
19. malam-malam
20. soré-soré

F3.
1. tigapuluhan
2. seratusan, limapuluhan
3. ribuan
4. tujuhpuluh-limaan
5. duapuluhan
6. ratusan
7. sepuluhribuan, limaribuan
8. sepuluh-rupiahan *or* sepuluhan
9. duapuluhlima-rupiahan
10. enampuluhan
11. tujuhpuluhan
12. empatpuluhan
13. duapuluhan
14. limabelas-rupiahan *or* limabelasan
15. enamratusan

F5a.
1. berkumpul
2. mengumpulkan
3. berputar-putar
4. memutar-mutar
5. memindahkan
6. berpindah
7. bertemu
8. menemukan
9. merubah
10. berubah
11. beruntung
12. menguntungkan
13. menyediakan
14. bersedia
15. berpindah-pindah
16. memindah-mindah
17. mencukur
18. bercukur
19. berendam
20. merendam
21. berdiri
22. mendirikan
23. menjalankan
24. berjalan
25. memisahkan
26. berpisah
27. bertambah
28. menambahkan
29. bergantung
30. menggantungkan

F5b.
1. dipindah
2. berpindah
3. berjumlah
4. dijumlah
5. dipisah
6. berpisah
7. bergantung
8. digantung
9. berubah
10. dirubah
11. dicukur
12. bercukur
13. direndam
14. berendam
15. bertambah
16. ditambah
17. berobat
18. diobati
19. bersedia
20. disediakan

F5c.
1. diputar
2. berputar-putar
3. disediakan
4. berpindah
5. dicampur
6. berubah
7. bersedia
8. dijumlah
9. berobat
10. ditambah
11. dirubah
12. dipindah
13. diputar-putar
14. berjumlah
15. berpisah
16. digantung
17. berkumpul
18. diajar
19. didirikan, berdiri
20. belajar, berkumpul

F5d.
1. berkumpul
2. terkumpul
3. terpisah
4. berpisah
5. berbentuk
6. terbentuk
7. berendam
8. terendam
9. bersedia

F5d. *(continued)*

10. tersedia	11. terobat	12. berobat
13. tercampur	14. bercampur	15. bergantung
16. bergantung	17. berbuat	18. terbuat
19. terhenti	20. berhenti	

F5e.

1. berjalan	2. dijalankan	3. beruntung, belajar
4. diuntungkan	5. terobat	6. diobati
7. berobat	8. didirikan	9. berdiri
10. terdiri	11. disediakan *or* tersedia	12. bersedia
13. terhenti	14. terhenti	15. berhenti
16. tergantung, tersedia	17. digantung	18. tergantung
19. bertemu	20. ditemukan	21. dipindah *or* dipindahkan
22. pindah	23. tercampur	24. dicampur
25. tercampur	26. bertambah	27. ditambah
28. dipisahkan	29. berpisah	30. terpisah

G. Interview

A : Selamat pagi, Bu. Saya ingin mengajukan permohonan untuk medapatkan visa berdiam sementara. Saya akan mengadakan riset di Indónésia.

R : Untuk itu Saudara harus bertemu dengan Bu Barhana di kantor sebelah. Tapi sekarang masih ada tamu.

A : Sesudah tamu itu, apa masih ada yang datang sebelum saya?

R : Ada, tiga orang. Coba Saudara tuliskan nama Saudara dan keperluannya di sini. Ini untuk memudahkan Bu Barhana nanti.

A : Pagi-pagi begini kok sudah banyak orang, Bu?

R : Karena kalau kesiangan, kadang-kadang urusan tidak bisa selesai.

A : Urusan visa biasanya makan waktu berapa lama, Bu?

R : Tidak tentu. Tergantung apakah persyaratannya sudah lengkap atau belum. Kalau semuanya bèrès, selesai dalam waktu 48 jam.

    ...

    Silakan menghadap Bu Barhana sekarang. Ini, kertas ini dibawa dan diserahkan kepadanya.

A : Saya bermaksud mengadakan riset di daèrah Bukittinggi di Sumatra Barat, Bu. Karena itu saya mengajukan permohonan untuk mendapatkan visa berdiam sementara.

B : Sebetulnya permohonan itu bisa diajukan lèwat pos.

A : Kebetulan saya di New York minggu ini, Bu, jadi saya pikir saya urus sekaligus saja.

B : Ya, itu bolèh juga. Apakah Saudara sudah mendapatkan izin dari LIPI?`

A : Sudah, Bu. Dosén saya, yang sekarang mengadakan riset di Jawa, menghubungi LIPI, dan kata merèka saya diizinkan mengadakan riset yang rencananya saya ajukan itu.

B : Sebentar, ya. Coba saya lihat apakah kami sudah menerima surat dari LIPI. Nama saudara siapa?

A : Karl (atau Karla) Heider, Bu.

B : Wah, kok tidak ada, ya? Kapan dosén Saudara itu menghubungi LIPI?

A : Tiga minggu yang lalu, Bu. Apakah kira-kira hilang di jalan?

B : Barangkali. Nanti kami hubungi LIPI dengan segera.

A : Wah, bagaimana, ya? Saya ingin mulai riset saya secepat mungkin.

G. Interview *(continued)*

B: Bagaimana kalau Saudara menghubungi dosén Saudara itu? Minta dia menghubungi LIPI, supaya izin riset Saudara dikirimkan kepada kami lagi. Begitu izin itu sampai, kami hubungi Saudara.

A: Baiklah, Bu. Persyaratan apa saja yang harus saya lampirkan?

B: Setelah formulir permohonan diisi yang baik, harus dilampiri dua pasfótó, paspor Saudara, fótókopi apa saja yang Saudara kirimkan ke LIPI dulu, rangkap satu, dan uang sebanyak 23,50 dolar Amerika.

A: Apakah saya bisa minta formulirnya sekarang, Bu?

B: Bisa saja. Ini. Saudara tunggu saja, nanti pasti kami beritahu secepatnya.

CHAPTER 19

B3.   1. b   2. c   3. b   4. d   5. d   6. b   7. a   8. a   9. c   10. c
11. a   12. c   13. b   14. a   15. c   16. d   17. c   18. c

C1.

1. dibicarakan	2. bicara	3. membangunkan
4. bangun	5. sedia	6. menyediakan
7. dibèrèskan	8. bèrès	9. dibersihkan
10. bersih	11. tanyakanlah	12. tanya
13. kerjakan	14. kerja	15. menceritakan
16. cerita	17. mendengarkan	18. dengar
19. menerangkan	20. terang	21. diberikan
22. diberi	23. mendengar	24. mendengarkan
25. masukkan	26. masuk	27. selesaikan
28. selesai	29. sampaikan	30. sampai
31. menyenangkan	32. senang	33. kumpulkan
34. kumpul	35. datangakn	36. datang
37. habiskanlah	38. habislah	39. ketemu
40. katakan	41. kata	42. menggosokkan
43. menggosok	44. maksud	45. maksudkan

C2.

1. membicarakan	2. tinggal	3. dibangunkan
4. sedia	5. sampaikan	6. masuk
7. bicara	8. belikan	9. mendengarkan
10. masukkan	11. mandi	12. selesai
13. menyenangkan	14. tinggalkan	15. senang
16. selesaikan	17. beri	18. menghabiskan
19. mengumpulkan		

C3.

1. mendirikan	2. bertanya	3. berendam
4. berjanji	5. mengatakan	6. berlari
7. berdiri	8. menanyakan	9. menjanjikan
10. merendamkan	11. mengatakan	12. melarikan
13. berdiri	14. bercukur	15. berpikir
16. bersedia	17. mencukur	18. memikirkan
19. bekerja	20. mengerjakan	

C6.

1. tanya	2. bertanya	3. menanyakan
4. menyampaikan	5. mengirimi	6. mengirimkan
7. mengirim	8. berkumpul	9. bermain
10. memainkan	11. berjalan	12. menjalankan

C6. *(continued)*

13. bercerita	14. menceritakan	15. bercerita
16. memikirkan	17. berpikir	

D2.

1. kelima	2. dua	3. berdua, kedua
4. bertiga	5. ketiga	6. keempat
7. berempat	8. berdua	9. keempat
10. lima	11. ketiga	12. bersepuluh
13. kesepuluh	14. berenam	15. sembilan

D3.

1. dikumpulkan	2. berkumpul	3. bercukur
4. dicukur	5. diuntungkan	6. beruntung
7. berputar-putar	8. diputar-putar	9. dipindah
10. berpindah	11. ditambah	12. bertambah
13. berbentuk	14. dibentuk	15. bercampur
16. dicampur	17. bergantung	18. digantung
19. direndam	20. berendam	21. berobat
22. diobati	23. bertemu	24. ditemukan
25. didirikan	26. berdiri	27. dijalankan
28. berjalan	29. ditempati	30. bertempat
31. disediakan	32. bersedia	

D4.

1. bertambah	2. bertambah	3. ditambah
4. ditambah	5. digantung	6. bertempat
7. berjalan	8. diputar	9. bertemu
10. dipindahkan	11. bergantung	12. diobati
13. ditempati	14. dipindahkan	15. berdiri
16. berputar	17. berobat	18. direndam
19. berendam	20. detemukan	21. berkumpul
22. dicampurkan	23. disediakan	24. dikumpulkan
25. beruntung		

D5.

1. berobat	2. diobati	3. ditempati
4. dikumpulkan	5. berkumpul	6. bercampur
7. bertempat	8. tempatkan	9. diuntungkan
10. bergantung	11. beruntung	12. menyediakan *or* sedia
13. berjalan	14. bertemu *or* ketemu	15. tambah
16. pindahkan	17. ditemukan	

E1.

1. ditulis	2. tertulis	3. dilihat
4. terlihat	5. terduduk	6. didudukkan
7. dibawakan	8. terbawa	9. tertolong
10. ditolong	11. terjajah	12. dijajah
13. terbunuh	14. dibunuh	15. didengarkan
16. terdengar	17. tertinggal	18. ditinggalkan
19. dipikirkan	20. terpikir	21. terbungkus
22. dibungkus	23. dimakan	24. termakan
25. ditangkap	26. tertangkap	27. terganggu
28. diganggu		

E2.

1. diganggu	2. tertinggal	3. terkunci
4. direndam	5. terbuka	6. terkumpul
7. didengar	8. dibawa	9. terjajah

E2. *(continued)*

10. ditulis
11. dihukum
12. terambil
13. dibungkuskan
14. terbeli
15. dibayar
16. teringat
17. terduduk
18. terpakai

E3.

1. berbuat
2. terbuat
3. terdiam
4. berdiam
5. berpikir
6. terpikir
7. terpisah
8. berpisah
9. tersedia
10. bersedia
11. bertulis
12. tertulis
13. berbungkus
14. terbungkus

E4.

1. berpikir
2. berpisah
3. terdiam
4. tersedia
5. berpindah
6. berbuat
7. tertulis
8. bersedia
9. berdiam
10. bertulis
11. terpikir
12. terbuat

E5.

1. duduk
2. terduduk
3. buka
4. terbuka
5. dapat
6. dapat
7. terbangun
8. bangun
9. tertutup
10. tertidur
11. tidur
12. termasuk
13. masuk
14. ingat
15. teringat

E6.

1. terkumpul
2. berkumpul
3. dilihat
4. terbaca
5. lihat
6. ditolong
7. terbaca
8. tolong, dikirimkan
9. terpikir
10. berpikir
11. diganggu
12. terbawa
13. bawa
14. tertarik
15. menarik *or* ditarik
16. berhukum
17. dihukum
18. terdengar
19. dijual
20. terjual
21. bersedia
22. tersedia
23. tidur
24. tidur
25. terbuat

F1.

1. bagian
2. bantuan
3. tulisan
4. tanaman
5. pemandangan
6. bawaan
7. belanjaan
8. belanjaan
9. perpanjangan
10. buatan
11. bungkusan
12. kontrakan
13. tambahannya
14. cucian
15. keterangan
16. kontrakan
17. simpanan
18. pertanyaan
19. makanan, minuman
20. pengalaman
21. permintaan
22. urusannya

F2.

1. kesusahan
2. kepastian
3. bingungnya
4. keperluan
5. kebaikan
6. kesibukan
7. menunggunya
8. malasnya
9. keramaian
10. kebiasaanya
11. sibuknya
12. kebersihan
13. keperluan
14. kesulitannya
15. dinginnya
16. kebenaran
17. berhentinya
18. kecilnya
19. kebesarannya
20. besarnya
21. sukarnya
22. kekayaan
23. kayanya

G1.

1. sebaik-baiknya	2. sebanyak-banyaknya	3. sebersih-bersihnya
4. sejauh-jauhnya	5. sejelas-jelasnya	6. sedekat-dekatnya
7. semurah-murahnya	8. semahal-mahalnya	9. selambat-lambatnya
10. secepat-cepatnya	11. sebaik-baiknya	12. sebanyak-banyaknya
13. sebesar-besarnya	14. setinggi-tingginya	15. secepat-cepatnya

G2.

1. sebanyak ini	2. sejauh itu	3. semahal itu
4. semurah itu	5. sejauh ini	6. sedekat ini
7. sebersih ini	8. sebagus ini	9. sepenuh itu
10. sepanas ini	11. semudah ini	12. selama ini
13. secepat ini	14. sebaik itu	15. secepat

G3.

1. sesampainya	2. sesudah *or* sehabis
3. sebelum	4. seluruh
5. setinggi-tingginya	6. semalam-malaman
7. sekantor	8. sepanjang hari
9. seadanya	10. sepanjang
11. serumah	12. semudah
13. seluruhnya	14. sesudah
15. seharusnya	16. semalaman
17. sepanjang	18. sepengetahuan *or* setahu
19. setiap	20. sekelas
21. sekitar *or* sekeliling	22. semua
23. sesudah *or* sehabis	24. sebenarnya
25. sehari-harian *or* sepanjang hari	26. sebaiknya
27. sesampainya	28. selama
29. serumah, sebanyak-banyaknya	30. seterima

H.

1. baik-baik	2. sering-sering	3. pelan-pelan
4. bersih-bersih	5. cepat-cepat	6. mahal-mahal
7. jalan-jalan	8. tinggi-tinggi	9. apa-apa, lihat-lihat
10. indah-indah *or* bagus-bagus	11. melihat-lihat	12. belum datang-datang
13. baik-baik		

I1.

1. Bukan saya yang pergi ke Surabaya, tapi adik saya.
2. Bukan saya yang membeli rumah itu, tapi ayah saya.
3. Bukan Bahasa Inggeris yang diajarkan olèh guru saya, tapi Bahasa Perancis.
4. Bukan Ali yang membayar tukang bècak, tapi John.
5. Pedagang itu tidak memesan ès krim, tapi ès batu.
6. Pedagang itu tidak menginap di Hotèl Indónésia, tapi di Hotèl Merdèka. *or* Bukan Hotèl Indónésia tempat pedangang itu menginap, tapi Hotèl Merdèka.
7. Bukan wajahnya yang dicukur kera itu, tapi hidungnya.
8. John tidak belajar Bahasa Indónésia, tapi Bahasa Perancis.
9. Wanita itu tidak membeli jeruk bali tapi dia menjualnya.
10. Bukan kelambu yang saya cari, tapi kasur.
11. Bukan saya yang mencari kelambu, tapi dia.
12. Saya tidak mau membeli kamus, tapi mau menjualnya.

J2.
1. Semua uang saya hilang.
2. Uang John habis waktu dia di Indónésia.
3. Uangnya tidak cukup buat (untuk) pergi ke Indónésia.
4. Tahun depan saya selesai sekolah.
5. Makanan saya cukup.
6. Apa uangnya cukup untuk membayar semuanya sekaligus?
7. Hati-hati. Nanti bukumu hilang.
8. Kami terpaksa makan di rèstoran karena makanan kami habis.
9. Kapan pekerjaanmu akan selesai?
10. Bila kopinya tidak cukup, kita bisa minum tèh.

K.

1. panas-panas	2. pagi-pagi	3. malam-malam
4. sorè-sorè	5. hujan-hujan	6. dingin-dingin, jalan-jalan
7. panas-panas	8. malam-malam	9. pagi-pagi
10. sakit-sakit	11. minggu-minggu	12. pagi-pagi
13. malam-malam	14. Sabtu-Sabtu, jalan-jalan	15. hujan-hujan
16. panas-panas	17. malam-malam	18. Jum'at-Jum'at
19. panas-panas	20. malam-malam	

L.

1. kalau	2. waktu	3. kapan
4. waktu	5. kapan	6. kalau
7. kapan	8. waktu	9. kalau
10. waktu	11. kalau	12. kapan
13. waktu	14. kalau	15. waktu
16. kapan	17. kalau	18. waktu

M.

1. makin panas, makin capai	2. makin rajin, makin banyak
3¹ makin dekat, makin senang	4. makin lama, makin senang
5. makin tinggi, makin banyak	6. makin lama, makin sedikit
7. makin banyak, makin cepat	8. makin tua, makin banyak
9. makin banyak, makin malas	10. makin kaya, makin kikir
11. makin malas, makin marah	12. makin tua, makin muda
13. makin murah, makin banyak	14. makin lama, makin sukar
15. makin jauh, makin capai	16. makin lama, makin cantik
17. makin cantik, makin sukar	18. makin tinggi, makin dingin
19. makin mahal, makin baik	20. makin panas, makin ènak

CHAPTER 20

A3. 1. a 2. c 3. b 4. d 5. c 6. a 7. b 8. b 9. c 10. a
B3. 1. b 2. d 3. a 4. c 5. a 6. b 7. b 8. a 9. c 10. a
C3. 1. c 2. b 3. b 4. c 5. d 6. a 7. d 8. b 9. b 10. a
D3. 1. a 2. b 3. c 4. d 5. a 6. c 7. b 8. d

E5. 1. a 2. b 3. b 4. d 5. c 6. c 7. d 8. a 9. d 10. a
11. d 12. a

G1a. Langkah 1.

1. cepatan	2. mahalan, murahan	3. bagusan
4. mahalan, bagusan	5. murahan	6. tinggian
7. pandaian	8. baikan	9. baikan, mahalan
10. besaran	11. kecilan	12. panjangan
13. ramaian	14. segaran	15. tebalan

G1a. Langkah 1. *(continued)*

16. ènakan	17. tinggian	18. panasan
19. sabaran	20. kecilan	

Langkah 2.

1. harian	2. mingguan	3. mingguan, bulanan
4. batangan	5. harian	6. satuan
7. bulanan	8. tahunan	9. bulanan, tahunan
10. kilóan		

Langkah 3.

1. dulu	2. dulu	3. duluan
4. dulu	5. duluan	6. duluan, dulu
7. dulu	8. duluan	9. dulu
10. duluan	11. dulu	12. dulu
13. duluan	14. dulu	15. duluan

Langkah 4.

1. mati-matian	2. mati-mati	3. besar-besar
4. besar-besaran	5. berat-beratan	6. berat-berat
7. ènak-ènakan	8. ènak-ènak	9. sakit-sakit
10. sakit-sakitan	11. kecil-kecilan	12. kecil-kecil
13. malas-malasan	14. malas-malas	15. murah-murahan
16. murah-murah		

G1b. Langkah 1.

1. menghijau	2. hijau	3. hilang
4. menghilang	5. tetap	6. menetap
7. memutih	8. putih	9. meninggi, menghilang
10. tinggi	11. besar, kecil	12. membesar
13. hilang	14. menghilang	15. biru
16. membiru	17. menjauh	18. jauh
19. membaik	20. baik	

Langkah 2.

1. menggunung	2. gunung	3. memuncak
4. puncak	5. batu	6. membatu
7. rimba	8. merimba	9. darat
10. mendarat	11. mendekat	12. dekat
13. seberang	14. menyeberang	15. menepi
16. tepi		

Langkah 3.

1. meninggi	2. menjauh	3. menghilang
4. membesar	5. menghijau	6. meluas
7. mendekat	8. menibesar	9. menjauh
10. memuncak	11. memutih	12. menetap
13. memutih	14. menyulit	15. menguning
16. menyebar	17. menetap	

G1c. Langkah 2.

1. berjualan	2. berpegangan	3. berlarian
4. berdekatan	5. berkenalan	6. berkiriman
7. berdatangan	8. berlarian	9. berjatuhan
10. beterbangan		

G2a.

1. kehidupan	2. keterangan	3. lautan
4. lautan	5. sayuran	6. kematian

G2a. *(continued)*

7. makanan	8. kemungkinan	9. kejadian
10. daratan	11. kedatangan	12. tanaman
13. jualan	14. keuangan	15. kerusakan

G2b.

1. daun-daunan
2. kerèta api-kerèta apian
3. kapal-kapalan *or* perahu-perahuan
4. rumah-rumahan
5. tanam-tanaman
6. buah-buahan
7. bunga-bungaan
8. sayur-sayuran
9. tèlepon-tèleponan
10. pohon-pohonan
11. orang-orangan

H. Interview

P : Pagi-pagi gini kok sudah pulang, Yong?

Y : Iya, soalnya kuliah yang terakhir dosénnya nggak datang.

P : Èh, saya baru dapat surat dari teman saya Pèngki di Surabaya. Katanya hari Sabtu ini dia dan teman-temannya mengadakan pèsta besar. Yang diundang seribu orang lebih.

Y : Kita diundang, nggak?

P : Tentu aja kita diundang. Wah, ini sudah Kemis, ya? Yongki mau ikut, nggak, kalau saya ke Surabaya?

Y : Naik apa kita? Bis malam atau kerèta api? Naik bis siang, malas, kan?

P : Tadi saya menèlepon semua kantor bis malam. Kalau yang ke Surabaya, saya diberitahu sudah nggak ada tempat kosong yang bèsok malam. Lalu saya coba lagi, mungkin ada yang dibatalkan. Masih nggak ada juga.

Y : Kalau kerèta api? Mungkin masih bisa naik kerèta api. Katanya murahan sedikit.

P : Saya juga sudah menèlepon setasiun kerèta api tadi. Saya diberitahu, banyak anak sekolah bepergian ke Surabaya dan Bali bèsok. Jadi sulit dapat tempat.

Y : Wah, bagaimana, ya? Setahu saya, yang ada cuma bis malam dan kerèta api saja, kalau ke Surabaya.

P : Hè, baru ingat saya. Tante Wuri kan setiap Jum'at soré pulang ke Surabaya. Kadang-kadang dia bawa mobil sendiri. Coba saya tèlepon dia. ...Aduh, lamanya tidak diangkat-angkat. ...Haló, Tante Wuri? Selamat pagi, Tante.

...

Y : Bagaimana, bisa?

P : Bisa. Aduh, dia baik sekali. Langsung dia bilang kita bolèh ikut dia ke Surabaya bèsok. Cuma dia bilang, harap kita siap sebelum jam 9 malam.

Y : O, tidak jadi soal itu, kan?

...

P : Èh, Yong, sudah jam delapan ini, cepetan sedikit makannya.

Y : Ah, kan masih lama baru Tante Wuri datang. Èh, Polly, nanti di tengah jalan kita berhenti, nggak? Aku sering lapar kalau bepergian malam hari.

P : Aduh, Yongki, baru aja makan sudah mikirkan makanan lagi! Di Ngawi ada rèstoran yang sederhana. Makanannya ènak sih, tidak. Asal tidak kelaparan. Tapi, ya, tergantung Tante Wuri mau berhenti apa nggak.

CHAPTER 21

A3.   1. c 2. c 3. a 4. d 5. b 6. d 7. c 8. a 9. a 10. c

B3.   1. c 2. c 3. c 4. d 5. b 6. a 7. a 8. a 9. c 10. d

C3.   1. a 2. a 3. a 4. a 5. b 6. b 7. c 8. b 9. a 10. b

D3.   1. d 2. a 3. c 4. d 5. b 6. c 7. c 8. d 9. b 10. d

E5.   1. a 2. b 3. b 4. c 5. d 6. c 7. b 8. c 9. c 10. d
        11. d 12. c 13. a 14. c 15. b

G2.

1. keempat-empat	2. ketiga-tiganya
3. kelima-limanya	4. ketiga-tiganya
5. kedua-duanya	6. ketiga-tiganya
7. ketujuh-tujuhnya	8. ketiga-tiganya
9. keempat-empatnya	10. kedua-duanya

G3f.

1. diterangi	2. memperbaiki	3. dikurangi
4. dilengkapi	5. diperbarui	6. memenuhi
7. mengongkosi/membiayai	8. mengakhiri	9. dinasihati
10. dipengaruhi	11. menguasai	12. melayani
13. menguliti	14. dilèwati	

G3g.

1. mengobati	2. berobat	3. mengobatkan	4. berteman
5. menemani	6. menguasai	7. berkuasa	8. berpengaruh
9. mempengaruhi	10. diairi	11. berair	12. berbau
13. baui	14. dibuat	15. berbuat	

G3h.

1. berperangkó/diperangkói	2. berair
3. berkuasa	4. bersabun
5. bau or berbau	6. berpengaruh
7. berobat	8. berteman
9. menyurati/disurati	10. dipengaruhi
11. berakhir	12. berjanji
13. berbuah	14. dijanjikan

G5a. Langkah 3.

1. sesèn pun	2. tidak seorang pun
3. tidak seorang pun	4. tidak satu
5. tidak seorang pun	6. tidak satu kamar pun
7. tidak satu kamar pun	8. tidak satu kursi pun
9. tidak satu pohon pun	10. tidak sepotong pun

Langkah 4.

1. Banyak sate di atas mèja, tetapi dia tidak makan sepotongpun.
2. Meskipun kamu datang terlambat, tidak apa asal kamu datang.
3. Saya akan naik kerèta api apa saja ke Yogyakarta, bahkan yang berangkat jam tiga pagi pun.
4. Saya akan menerima pekerjaan apa saja, menyapu lantai sekalipun.
5. Merèka mengundang banyak orang untuk datang ke pèsta, tapi tidak seorang pun yang muncul.
6. Merèka menanam banyak pohon pisang di kebun, tetapi tidak satu pohon pun berbuah.
7. Dia punya banyak uang, tapi saya tidak diberinya sesèn pun.

Langkah 4. *(continued)*

8. "Maaf, sterópnya habis. Saya hanya bisa menyediakan tèh." "Ó, tidak apa-apa, tèh pun bolèh."
9. "Maaf, saya tidak punya pèna." "Ó, tidak apa-apa. Pènsil pun jadi."
10. "Maaf, saya tidak punya uang. Saya hanya punya sepuluh rupiah." "Ó, tidak apa. Sepuluh rupiah pun jadi."
11. Saya akan menanam pohon apa saja di halaman kami, pohon pisang pun jadi.
12. Saya harus ke Surabaya. Saya akan memakai mobil apa saja, yang tua pun jadi.
13. "Maaf, kerèta api malamnya sudah berangkat. Tetapi ada kerèta api pagi jam enam bèsok." "Ó, tidak apa-apa. Kerèta api pagi pun jadi."
14. "Maaf, saya tidak berbicara Bahawa Jawa. Saya bicara Bahasa Indónésia." "Ó, tidak apa-apa. Bahasa Indónésia pun jadi."
15. Banyak orang di pasar, tapi tak seorangpun bicara Bahasa Inggeris.
16. Dia punya banyak pakaian, tapi tidak sepotong pun yang tidak sobèk.
17. Kerèta api itu penuh. Tidak satu korsi pun kosong.
18. Saya akan sangat senang bertemu dengan Anda, walaupun Anda mampir beberapa menit pun.

Langkah 5.

1. kalaupun
2. ataupun
3. baik bibinya maupun pamannya
4. meskipun *or* walaupun
5. kalaupun
6. ataupun
7. walaupun
8. kalaupun, ataupun
9. baik dia ataupun adiknya

G5d.

1. terus saja
2. meneruskan
3. terus
4. terus
5. meneruskan
6. teruskan *or* terus
7. terus
8. terus
9. terus
10. terus saja

G5f.

1. salah mengerti
2. salah dengar
3. salah paham
4. salah baca
5. salah menggunakan
6. salah berbicara *or* salah omong
7. salah taruh *or* salah simpan
8. salah mengerti
9. salah informasi
10. salah didik

H. Interview

J: Kamu ini dipanggil-panggil, kok ndak nyahut?
A: Abis, ndak dengar, Nyah. Saya tadi di halaman belakang, nyapu.
J: Bak kamar mandi apa sudah dipenuhi?
A: Sudah, Nyah. Halaman depan juga sudah saya sapu.
J: Kamar tamu apa sudah dibersihkan yang betul? Nanti ada tamu, saya.
A: Sudah, Nyah. Sudah saya sapu dan pel. Perabotnya juga sudah saya lap.
J: Baik kalau begitu. Nanti kalau tamunya datang, bikinkan tèh, ya. Kira-kira enam orang tamunya.
A: Pakai gula tèhnya, Nyah?
J: Jangan, jangan dikasi gula. Gulanya disendirkan saja. Makanan kecil masih cukup, kan?
A: Masih, Nyah. Tapi habis ini, sebaiknya Nyonya beli lagi.

H. Interview *(continued)*

J: Ya, nanti ingatkan kalau mau belanja ke pasar, ya. Hari ini tunggu tamunya pulang baru kamu ke pasar, ya.

A: Apa ndak kesiangan nanti, Nyah? Kalau kesiangan, ndak bisa dapat barang bagus, lhó.

J: Ndak apa-apa. Pokoknya selama tamu di sini, kamu siap terus. Jadi, kalau perlu apa-apa, ada yang disuruh.

A: Baik, Nyah. Ó ya, Nyah, itu bajunya Sinyó kok sobèk kemaren?

J: Apa sudah sobèk waktu dikeranjang cucian?

A: Iya, Nyah. Lebar lagi sobèknya. Nanti bisa saya tisikkan.

J: Mana mau Sinyó pakai baju tisikan! Biarlah, dijadikan kain lap aja. Itu tukang cuci kok sudah lama belum ngembalikan cucian kita, ya?

A: Sudah saya bilang sama dia, cepetan sedikit ngembalikannya. Tapi dia bilang, sekarang cucian lama keringnya. Abis, sering hujan.

J: Wah, susah kalau begini terus. Sudah, sana diteruskan nyapunya.
. . .

A: Tamu-tamu sudah pulang, Nyah? Bagaimana kalau saya belanja sekarang?

J: Ya, cepet belanja sana. Ini sudah saya tulis apa-apa yang mesti dibeli. Tèmpènya beli punya Bu Salmah, ya. Jangan kemahalan, lhó, kalau beli apa-apa. Ini saya kasi dua ribu. Cukup, kan?

A: Saya kira cukup, Nyah. Permisi dulu, Nyah.

CHAPTER 22

A3. 1. c 2. b 3. a 4. c 5. a 6. b 7. d 8. d 9. a 10. b 11. c

B3. 1. a 2. a 3. c 4. d 5. d 6. b 7. b 8. c 9. a 10. a

C3. 1. c 2. b 3. b 4. a 5. a 6. d 7. a 8. c 9. a 10. a

D3. 1. c 2. d 3. b 4. d 5. b 6. a 7. d 8. b 9. d 10. d

E5. 1. d 2. c 3. a 4. c 5. b 6. d 7. a 8. b 9. a 10. b
11. c 12. c 13. b 14. b 15. a

G1b.

1. sama jauhnya	2. sama kotornya	3. sama tingginya
4. sama cantiknya	5. tidak sesukar	6. tidak semahal
7. sekecil	8. sama cepatnya	9. sama panasnya
10. sama malasnya	11. sama dinginnya	12. seramai
13. sedekat	14. lebih mudah	15. sama besarnya

G2b.

1. bantu-membantu	2. harga-menghargai
3. cinta-mencintai	4. pandang-memandang
5. tuduh-menuduh	6. pukul-memukul
7. tanya-menanya	8. tulis-menulis
9. timbang-menimbang	10. dorong-mendorong

G3.

1. bertanam	2. berhitung	3. menghitung
4. menanam	5. belajar	6. mengajar
7. bertambah	8. menambah	9. membuat
10. berbuat	11. berpegang	12. memegang
13. bercukur	14. mencukur	15. bertanya

G4.

1. kehijau-hijauan	2. kemèrah-mèrahan	3. kekanak-kanakan
4. kemuda-mudaan	5. kegelap-gelapan	6. kekuning-kuningan

G4. *(continued)*

7. kehijau-hijauan   8. kelaki-lakian   9. kecoklat-coklatan
10. kebiru-biruan

G5a.

1. salah seorang
2. yang satu, yang dua lagi
3. yang satu lagi
4. yang satu ini, yang satu lagi
5. yang seorang, yang seorang lagi
6. salah satu, yang dua lagi
7. yang satu itu
8. yang satu, yang dua lagi
9. yang satu, yang dua lagi
10. salah satu

G5b.

1. Ambil salah satu dari kartu ini.
2. Saya cuma punya satu mobil.
3. Salah seorang anaknya Pak Sumitra tinggal di Surabaya bersama suaminya.
4. Kemarin sorè salah sebuah buku yang ada di perpustakaan hilang dicuri orang.
5. Bagaimana kau dapat lulus tès kalau kau hanya membaca satu buku bacaan saja?
6. Saya hanya terima satu surat saja dalam minggu ini.
7. Coba angkat salah satu kursi ini. Apa bisa?
8. Ambil satu kartu saja.
9. Salah satu dari pernyataan ini tidak benar. Mana?
10. Cuma satu kok, yang tidak benar. Yang lainnya semua betul.

G6a.

1. bagaimana pentingnya
2. berapa tingginya
3. bagaimana sedihnya *or* bagaimana susahnya
4. berapa jauhnya
5. bagaimana sukarnya
6. bagaimana mudahnya
7. bagaimanapun indahnya
8. bagaimanapun panasnya
9. berapa jauhnya
10. berapa beratnya
11. berapa besarnya
12. berapa dalamnya
13. bagaimana ènaknya
14. berapa umur
15. bagaimana lambatnya

G6b.

1. lagi mengupas
2. dua hari lagi
3. belum lagi
4. lagi
5. lagi tidur
6. tiga minggu lagi
7. pulang lagi
8. lagi
9. apalagi
10. belum lagi
11. lagi sibuk membuat
12. satu bulan lagi
13. datang lagi
14. apalagi
15. belum lagi
16. lagi membaca
17. tak lama lagi
18. tanya lagi
19. lagi
20. apalagi
21. belum lagi

H. Interview

S: Bagaimana toko bukunya, Nur? Tentunya maju, ya?

N: Ya, begitulah. Baik buku-buku dalam negeri maupun buku-buku luar negeri jauh lebih banyak dari dulu.

S: Rupanya punya toko buku tidak semelarat dulu, ya?

N: Ya, orang Indónésia sekarang makin senang membaca buku.

S: Ya, kapan itu saya ada membaca di sebuah majalah bahwa banyak buku lama yang dicètak lagi. Saya kira baik sekali itu.

H. Interview *(continued)*

N : Dan banyak orang tua yang sadar bahwa kebiasaan membaca perlu
sekali dalam pendidikan anak. Jadi sekarang meréka tidak acuh tak
acuh lagi terhadap buku.

S: Eh, keènakan ngobrol, jadi lupa manggil bècak, kita. Ke mana ini, kita?

N : Kita ke rumah dulu, naruh barang-barangnya. Habis itu, bagaimana
kalau kita jalan-jalan ke pasar.

S: Ada apa di pasar? Apa ada pertunjukan?

N : Kita lihat-lihat aja. Stephanie bisa lihat segala macam buah, juga
makanan dan minuman yang menarik.
...

S: Wah, ramai sekali, ya? Kok banyak orang yang tidak berbuat apa-apa?

N : Memang begini, Stephanie, pasar di Indonesia. Sebetulnya pasar juga
tempat orang berkumpul dan bertemu teman-temannya.

S: Itu, buah-buahan yang sudah dikupas itu, apa itu yang namanya rujak,
Nur?

N : Ya, kita beli yuk. Awas, jangan banyak-banyak sambelnya, Stephanie.

S: Jangan kuatir, Nur. Saya biasa makan makanan Mèksikó di Amérika.
Ini sih nggak pedas sama sekali, Nur.

N : Eh, Stephanie, lihat itu, orang-orang itu.

S: Kok meréka dorong-mendorong sih? Kayak nggak sabar aja.

N : Iya, itu kan orang jual obat. Buat orang-orang itu semacam pertunjukan.
Kalau nggak dekat dengan si penjual obat, nggak bisa lihat apa-apa yang
dikerjakannya.

S: Wah, begini banyak orang, mana bisa lihat, kita. Kita jalan terus aja,
yuk. Eh, Nur, itu apa, yang kehitam-hitaman itu?

N : Itu cincau namanya, dibuat dari semacam daun yang kalau dimasak
jadi hitam. Enak dimakan sama steróp dan ès. Mau beli?

S: Bolèh. Saya sih senang nyoba segala macam makanan dan minuman.

N : Hati-hati, nanti sakit, lho. Ngomong-ngomong, di mana, ya di Amerika
yang pasarnya ramai seperti ini? Atau sudah nggak ada?

S: Masih ada, di daèrah pedesaan dan di kota-kota kecil. Di beberapa kota
besar juga ada.

N : Kalau pasar di sini ini, yang teramai se-Sumbawa.

CHAPTER 23

A3.   1. d 2. d 3. c 4. c 5. d 6. c 7. a 8. c 9. c 10. c

B3.   1. a 2. c 3. b 4. a 5. d 6. a 7. b 8. d 9. c 10. c

C3.   1. a 2. b 3. a 4. d 5. a 6. c 7. b 8. b

D3.   1. b 2. a 3. c 4. b 5. a 6. b 7. d 8. c 9. c

E5.   1. d   2. b   3. c   4. b   5. a   6. a   7. c   8. c 9. d 10. a
11. c 12. d 13. a 14. a 15. c

G1b. Langkah 1.

1. mempertunjukkan	2. tunjukkan	3. diperingatkan
4. mengingatkan	5. mempermainkan	6. mainkan
7. perlihatkan	8. memperlihatkan	9. mempekerjakan
10. mengerjakan	11. mendengarkan	12. memperdengarkan
13. menanyakan	14. mempertanyakan	

Langkah 2.

1. memperlihatkan	2. mempertunjukkan
3. mengingatkan	4. dipermainkan

Langkah 2. *(continued)*

5. mengerjakan
6. menunjukkan
7. mengingatkan, memperingatkan
8. memperkerjakan
9. menanyakan
10. dengarkan
11. memainkan
12. menanyakan
13. dipermainkan

Langkah 3.

1. mempergunakan
2. mempersatukan
3. memperdengarkan
4. mempertunjakkan
5. memperbaiki
6. diperbesar
7. diperbaiki
8. memperbolèhkan
9. memperindah
10. mempermainkan
11. diperindah
12. diperdekat
13. mempergunakan
14. memperkenalkan
15. memperhatikan
16. memperkirakan
17. perhentikan
18. perkenalkan

G3a.

1. kecil, tua
2. rugi
3. bini, kasih
4. untung
5. miskin
6. pulang
7. masuk
8. bapak
9. isteri
10. perempuan
11. ladang
12. pemudi

G3b.

1. penuh-sesak
2. kasih-sayang
3. asal-usul
4. gagah-berani
5. rukun-damai
6. gotong-royong
7. gerak-gerik
8. lauk-pauk
9. warna-warni
10. kaya-raya
11. lalu lintas

G4a.

1. pada *or* kepada
2. pada
3. pada
4. pada
5. pada *or* kepada
6. pada
7. pada, pada
8. pada, pada
9. pada *or* kepada
10. pada *or* kepada

G4d.

1. asal
2. asal saja
3. asal
4. asal
5. asal saja
6. asal jadi saja
7. asal ngomong saja
8. asal nonton saja
9. asal
10. asal

H. Interview

B: Makanya kalok main-main jangan kesoréan. Ayó, mandi sana, lantas ganti pakaian yang bersih.

K: Tolong dilepaskan baju Kiki, Tante.

B: Aduh, manjanya, kayak bayi aja. Sudah, cepat mandi sana. Nanti kemalaman, airnya terlalu dingin. Pakaiannya yang kotor nanti dikasi masuk keranjang cucian, ya.

K: Ya, Tante. Tante, Tante, Kiki nggak bisa ngambil sabunnya. Ketinggian sih naroknya. Tolong ambilkan handuknya juga.

B: Ini. Kalau nyabuni badan yang bersih, lhó. Bagian belakang telinga dan kaki jangan dilupakan.

B: Kiki, ayó, sayurnya dimakan. Jangan makan daging aja. Kurang sèhat. Tadi main bolanya apa Kiki yang tercepat larinya?

K: Tentu aja, Tante. Kan Kiki banyak makannya, jadi cepet sekali larinya.

H. Interview *(continued)*

B: Ya, pokoknya asal ingat, kalok seneng-seneng, yang tahu waktu. Aduh, Kiki, kok pelan sekali makannya. Cepetan sedikit, ah. Untuk bèsok PR-nya banyak, nggak, Ki?

K: Banyak juga, Tante. Tapi Kiki sudah ngantuk ini. Bagaimana, ya.

B: Salahmu sendiri. Itulah akibatnya kalok seneng-seneng aja yang dipikir. Coba dikerjakan sebisanya dulu. Bèsok bangun yang agak pagi, diteruskan yang belum selesai.

K: Tapi Brenda membantu, kan?

B: Ya, tapi semua dicoba sendiri dulu, Ki. Eh, ngomong-ngomong, Kiki sering ketemu si Ismet, nggak?

K: Tiap hari, Tante. Kenapa sih?

B: Bilang kepada dia, komiknya suruh ngembalikan kalok sudah selesai. Kan sudah agak lama dia minjamnya.

K: Ya, nanti Kiki bilang kepada dia. Tante, kalau Tante ke pasar bèsok, tolong Kiki dibelikan majalah Bobo, ya?

B: Kenapa Kiki nggak beli di sekolah aja, sih?

K: Habis, di sekolah harganya mahal, terlambat lagi datangnya. Dan juga, kalok Tante Brenda yang belikan, kan Kiki nggak usah pakai uang jajan.

B: Pinternya kamu ini, Ki. Ayó sana, cepat dikerjakan PR-nya.

CHAPTER 24

A3. 1. c 2. c 3. d 4. a 5. a 6. c 7. c 8. a 9. d 10. a

B3. 1. d 2. a 3. a 4. d 5. a 6. b 7. c 8. d 9. d 10. a

C3. 1. a 2. a 3. d 4. b 5. a 6. b 7. a 8. b 9. d 10. d

D3. 1. a 2. d 3. a 4. a 5. a 6. a 7. a 8. b 9. d 10. d

E5. 1. d 2. a 3. c 4. d 5. c 6. b 7. b 8. a 9. b 10. b
11. b 12. a 13. d 14. b 15. d

G1a.

1. akan	2. pada	3. akan
4. akan	5. pada	6. dengan
7. olèh	8. atas	9. akan
10. pada	11. dengan	12. olèh
13. dari	14. akan	15. akan
16. pada	17. pada, dengan	18. olèh, dengan
19. atas	20. akan	21. pada
22. dengan	23. olèh	24. atas
25. akan	26. akan	27. pada
28. pada	29. dengan	30. akan, akan

G1b.

1. pada	2. dengan	3. akan	4. akan
5. pada	6. dengan	7. dengan	8. dengan
9. dengan	10. olèh, sama	11. atas	12. akan
13. akan	14. pada	15. dengan	16. dengan
17. sama	18. atas	19. akan	20. pada
21. dengan	22. atas	23. akan	24. dengan
25. dengan	26. sama	27. atas	28. akan
29. akan			

G1c.

1. tergantung pada
2. minta pada
3. bangga akan
4. marah pada

G1c. *(continued)*

5. lupa akan
6. berkata pada
7. setuju dengan
8. gemar akan
9. malu pada
10. malu akan
11. sesuai dengan *or* cocok dengan
12. berterimakasih atas
13. setuju dengan
14. puas dengan
15. suka pada
16. tertarik akan *or* tertarik pada
17. kawin dengan
18. hormat pada
19. biasa dengan
20. terdiri dari
21. sadar akan
22. curiga akan *or* curiga pada
23. terkenal akan

G2.

1. pembohong
2. pemarah
3. pemalu
4. pendiam
5. pengobrol
6. penangis
7. perokok
8. pelupa

G4.

1. suatu
2. seseorang
3. sesuatu
4. seorang
5. suatu, seseorang
6. sesuatu
7. seorang
8. seorang
9. seseorang, seorang guru *or* seseorang guru
10. sesuatu

G5.

1. semua
2. segala
3. seluruh
4. seluruh
5. segala, semua
6. semua
7. seluruh
8. semua
9. seluruh

H. Interview

S: Ada apa, Li, kok malem-malem nèlepon?

L: Hari Minggu nanti Stanley apa acaranya?

S: Belum ada. Mèmangnya kenapa sih? Ada pèsta, ya?

L: Bukan. Teman-teman sekantor mau piknik ke Kebun Raya Purwodadi. Apa Stanley mau ikut?

S: Mau aja. Tapi piknik kok jauh sekali sih?

L: Ya ini dia piknik Indónésia—mesti ke tempat yang agak jauh.

S: Kalau di Amérika sih, makan di halaman rumah aja sudah dinamakan piknik. Berkumpul di mana hari Minggu nanti, dan jam berapa?

L: Stanley datang ke rumah saya jam tujuh pagi, bagaimana? Lalu kita sama-sama ke kantor. Teman-teman sudah menyèwa bis, dan kita mau berangkat kira-kira jam delapan, begitu.

S: Kita mesti bawa apa, Li? Saya bisa masak sesuatu, kalau perlu.

L: Nggak usah. Teman-teman sudah pesan nasi bungkusan dan minuman.

S: Baiklah kalau begitu. Sampai hari Minggu, ya.

Ëh, Li, siapa itu cowok yang di depan bis itu?

L: Yang mana? Yang duduk di sebelah cèwèk yang berambut panjang itu?

S: Iya. Cakep, ya?

L: Ah, kayak gitu kok cakep, ah! Tapi dia mèmang baik, orangnya. Nanti saya kenalkan.

S: Minggu depan si Kris ulang tahun lhó. Tanggal dua belas.

L: Betul? Saya dulu punya pacar yang ulang tahunnya tanggal dua belas juga. Bagaimana kalau kita beli kadó sama-sama?

H. Interview *(continued)*

S: Kita belikan jam yang ada wèkernya aja. Si Kris pernah bilang, dia suka lupa waktu.

L: Bolèh juga. Éh, Stanley, ngomong-ngomong, kan kapan itu Stanley ikut ujian untuk bekerja di Australi. Kapan tahunya, lulus, nggaknya?

S: Katanya sebulan lagi diberitahu. Tapi saya tidak terlalu mengharapkan bisa diterima.

L: Lhó, itu kan si Kris. Ya Allah, dari tadi aku nggak tahu kalau dia ikut piknik.

S: Mèmangnya kamu tidur tadi, ya, sampai nggak lihat dia. Aduh, teman-teman, banyaknya, membawa makanan! Siapa yang menghabiskan nanti?

L: Jangan kuatir, Stanley, pasti habis. Lihat aja nanti.

S: Li, Li masih sering ketemu si Ria?

L: Masih. Kapan itu dia menanyakan kabar Stanley. Dia sudah lama ingin main-main ke rumah Stanley, tapi selalu rèpot.

S: Itu teman-teman sudah ngajak makan. Yuk, kita ikut makan.

CHAPTER 25

D.

1. Pernah dengar ceritera saudagar kaya?
2. Saya pernah melihat adik Iwan. Cantik sekali orangnya.
3. Saya belum pernah ke Bali, tapi saya banyak teman orang Bali.
4. Saya belum pernah menceriterakan kamu pada Ibu. Barangkali didengarnya dari Rush.
5. Makanan sudah siap. Mari makan!
6. Berapa sih maunya? Lima rupiah kan sudah cukup.
7. Pernah ke Indónésia?
8. Tinggalnya di mana, waktu di sana?
9. Ya, itu juga pernah terjadi di Jakarta.
10. Uang kita sudah habis.
11. Mau ke mana lagi ini? Kan baru saja pulang?
12. Saya sudah kerja keras, dimarahi lagi!
13. Sudah kawin, belum? Sudah ada putranya?
14. Dia sudah lama nggak datang lagi ke sini.
15. Kamu terlambat datangnya. Kami sudah makan.
16. Saya belum pernah melihat dia sedang omong sama pamannya.
17. Dia baru dua hari yang lalu kawin.
18. Yang mèrah baru saja habis.
19. Kamu baru tiga bulan di sini? Kok sudah pulang sekarang?
20. Saya belum mau pulang sekarang. Saya mau tiga bulan lagi di sini.
21. Karcisnya sudah dapat? Bagus!
22. Belum. Saya belum dapat.
23. Kami sudah lama ndak melihat dia di kota ini.
24. Kami belum pernah melihat dia di kota ini. Kok begitu, ya?
25. Ès dan gula kita semua sudah habis.

F1d.

1. meneruskan	2. bangun	3. dibangunkan
4. menyanyikan	5. datangkan	6. mendapatkan
7. cari	8. diamkan, ributkan	9. terima
10. meninggalkan	11. diinjak	12. menunjukkan

F1d. *(continued)*

13. memerintah
14. menyalakan
15. mendaftarkan
16. bayangkan
17. diajarkannya
18. memanjang
19. memegang

F2a.

1. baca, menyelesaikan
2. menjaga, menjemput
3. harap
4. mencari, menulis
5. mengobati, menolong
6. memakaikan
7. mencukur
8. pinjami, pinjamkan
9. menyimpan, menjadi
10. samakan
11. sampaikan
12. sampingkan
13. tinggalkan, mempersiapkan *or* menyiapkan
14. mencari, tinggal
15. menanyakan, menèlepon
16. menentukan
17. menerima
18. menambah, memberikan
19. memerlukan, menyelesaikan
20. memenuhi *or* memenuhkan, mengangkatkannya
21. menutup, membersihkan
22. menyediakan, ditanami
23. dengar, mendengarkan
24. membayangkan, dibelinya, disimpannya
25. bicarakan
26. tanyakan, menarik
27. tanyakan, dibicarakan
28. menyimpan

F2b.

1. membeli
2. menjualkan
3. belanjakan
4. berjalan
5. membicarakan
6. tanya *or* tanyakan
7. bertanya-tanya, tanya
8. membicarakan
9. mendengarkan
10. ambilkan
11. memukul
12. dipukulkannya
13. mencuci
14. mencucikan, memberi
15. menanyakan
16. memasukkan
17. janjikan
18. kata
19. membeli
20. mencarikan

F3d.

1. tutup
2. menutupi
3. kenal
4. mengirimi
5. tanya
6. bertanya
7. berbohon
8. membohongi
9. kenal

F4c.

1. ulangi
2. berikan
3. memberikan
4. antarkan
5. diobati
6. mengunjungi
7. ceritakan
8. memasuki
9. memasukkan
10. mendatangi
11. didatangkan
12. takutkan *or* takuti
13. menakutkan *or* menakuti
14. menulis
15. ditulisi
16. duduki
17. mendudukkan
18. meminjami
19. meminjamkan
20. pinjami
21. pukul
22. dipukuli
23. panaskan
24. memanaskan
25. didekatinya
26. dekatkan
27. dekati
28. dinamai *or* dinamakan
29. namai *or* namakan
30. menanami
31. membelakangi *or* di belakang
32. tanyakan
33. ditanyai
34. menanyakan
35. potongkan
36. potongi *or* potong
37. tutup
38. dihinggapi
39. dikirimi
40. mengirimkan

F6d.

1. mencarikan
2. memainkan
3. menjanjikan
4. berbelanja
5. bicarakan
6. melarikan
7. menanyakan
8. bermaksud
9. mendoakan
10. berharap

F6e.

1. menangiskan
2. pikirkan
3. membelanjakan
4. bertanya
5. bicarakan
6. mengatakan
7. janjikan
8. berjanji
9. katakan, menusahakannya
10. berpikir

F6f.

1. berdoa *or* mendoa
2. berjanji
3. mengajarkan
4. belajar
5. menangiskan *or* menangisi
6. menangis
7. bermaksud
8. maksudkan, katakan
9. berjanji, janjikan
10. belanjakan
11. berusaha
12. membelanjakan
13. membicarakan
14. berbicara
15. berlari

F7a.

1. berlaku
2. dilakukan
3. dihentikan
4. berhenti
5. belajar
6. diajari
7. bergerak
8. digerakkan
9. berkumpul
10. berkumpul
11. bersatu
12. disatukan
13. berpindah
14. dipindahkan
15. berobat
16. diobati
17. diseterika
18. berseterika
19. dicukur
20. bercukur
21. bercampur
22. dicampurkan
23. bertambah
24. ditambah

F7b.

1. berkembang
2. dikembangkan
3. dikurangi
4. berkurang
5. bertambah
6. ditambah
7. ditambah
8. berguna
9. digunakan
10. dibèdakan

F7d.

1. kirimkan
2. diberikannya
3. dipukulkannya
4. diobatinya
5. meminjami
6. diserahi
7. ditempatkannya
8. mencampuri
9. digosok-gosokkannya
10. dicelupkannya, ditètèsi
11. membaluti
12. diletakkannya
13. diisi
14. menghubungkan
15. menghadapi

F8a.

1. terkupas
2. tertangkap
3. ditinggalkan
4. dibangunkan
5. terbunuh
6. terkesan
7. diatur
8. diingatkan
9. terpencil
10. dijamin
11. dihukum
12. terdiam
13. dipesan
14. terbayar, dibayar
15. tertutup
16. dipukul
17. dikumpulkan
18. teringat
19. teratur
20. didorong

F8b.

1. terulang
2. berbuat
3. berbau
4. terhenti
5. terdiri
6. bersedia
7. terkunci
8. berpisah
9. terbuat
10. berniat
11. terpikir
12. berendam
13. terakhir
14. berkumpul
15. terpisah
16. berhias
17. tercampur
18. berisi
19. tercètak
20. berkunci
21. terisi
22. terlindung
23. tersembunyi
24. terbentuk

F8c.

1. ganggu
2. terkirim
3. berjumlah
4. tersedia
5. tersusul
6. berbungkus
7. rencana
8. kunci
9. terlipat
10. berbuat
11. terluka *or* luka
12. bersembunyi
13. berbentuk

G3.
1. melihat	2. kelihatan	3. mendatangi
4. kedengarannya	5. kecurian	6. kedapatan
7. menutupi	8. memasuki	9. kecopètan
10. merusak	11. mempunyai	12. kelihatan
13. melekat	14. kedatangan	15. mendengar
16. mencuri	17. mendapati	18. ketutupan
19. kemasukan	20. mencopèt	

G4a.
1. pelanan	2. belakangan	3. pinteran
4. baikan	5. cakepan, tinggian	6. senengan
7. kerasan	8. murahan, beratan	9. sabaran
10. rendahan	11. tebalan	12. beratan

G4b.
1. gonian	2. sèndokan	3. mangkokan
4. jaman	5. onan	6. bulanan
7. tahunan	8. batangan	9. borongan
10. bulanan		

H1.
1. dalam, mendalam	2. membaik, baik	3. mendangkal, dangkal
4. memburuk, buruk	5. tinggal, meninggal	6. datang, mendatang
7. menangis, tangis	8. menguning, kuning	9. luas, meluas
10. menghilang, hilang	11. tinggi, meninggi	

H4.
1. bertanam	2. menanam	3. membuat
4. berbuat	5. berhitung	6. menghitung
7. belajar	8. mengajar	9. memburu

H5.
1. dipermainkan	2. memainkan	3. mempertunjukkan
4. menunjukkan	5. didengarkan	6. memperdengarkan
7. diperlihatkan	8. dilihatkan	9. mengingatkan
10. memperingatkan	11. dipekerjakan	12. mengerjakan
13. menanyakan	14. dipertanyakan	

I.
1. bapak	2. rugi	3. sawah
4. berani	5. sayang	6. suami
7. sesak	8. gerak	9. untung
10. pergi	11. lauk	12. kaya
13. kecil	14. lalu	15. masuk
16. miskin	17. muda	18. rukun
19. kecil, tua, perempuan	20. ladang	

INDONESIAN-ENGLISH GLOSSARY

This glossary contains all forms which occur in the Basic Sentences and
Reading Selections. The listing is confined to forms and their meanings
which actually occur and to forms which are needed to explain the actually
occurring items. The student will, of course, be able to produce and understand
a good number of other forms by means of the rules of affixation presented in
the Grammar Sections. The reference is to be the first occurence of each form.
The first number of the reference gives the chapter number; the number
following the period refers to the sentence number. The capital R indicates
Reading Selections, and a number following the R refers to the paragraph
number.

A

abad century 24R7.
abang elder brother 2.4.
abis = HABIS.
acar pickles 21.21.
acara program, plan 24.3.
acuh ~ tak ~ be indifferent 22.7.
ada 1 there is, are 1.16. 2 be present,
be in a place 2.1. 3 have 12.21. ~
(verb) happen to (do) 10.6 **-2 saja**
put on, always making problems
23.33. **ber-** 1 be in a place 16R4. 2
wealthy 23R12. **-kan** bring into
being 15R13. **ke-an** situation, the
way things are 11.17 **-lah** 1 is, are
the ones 14R1. 2 further, the next
thing in the story (=ADAPUN)
23R3. **se-nya** as it happens to be,
as one finds it 17.12.
adik 1 younger brother or sister 2.6
2 *term of address or title for a
young person* 12.22 *short form:*
dik 2.14.
adil just 17R16. **peN-an** trial
17R11.
aduh exclamation of discomfort
14.8.
aèrógramme /èrógram/ airletter
10.42.
agak rather 8.6.
agama religion 20R2.
agar so that ~ **supaya** so that 18R4.
ah 1 *particle used with a rejection or
a negative statement*: oh 4.36. 2 *at
end of a statement: particle
indicating revulsion* 20.41
ahli expert 20R3.
air water 11.24.
aja = SAJA

ajak invite someone along 24.11
ajar bel- study 2.12. **meN-** teach
8.23. **pel-i** study something
12.20.
aju -kan propose, set forward 22.39.
m- 1 move forward. **m- ujian**
stand for one's exams 16.22. 2
make progress, be advanced 22.5.
akan 1 *future marker*: will 8.10.
tidak ~ it is not likely that (such–
and–such) will happen 16.24.
yang ~ datang the future 20R12. 2
*preposition following an
intransitive verb*: concerning
15R11. ~ **tetapi** however 23R11.
akhir end.
akrab intimate 24.39.
aku I 17R10.
alam I nature 20R10 **peN-an**
experience 15R1.
alam II **wallahu ~** only God knows
23R12.
alamat address 16.34.
alat instrument 24R4.
Alhamdullilah God be praised!
23R16.
Allah God. **ya ~** Oh Lord! 1 *a calling
out to the Almighty* 23R18. 2 *an
expression of emotion* 24.25.
aman safe 20.20.
amat very much 22R26.
ambil take, get 3.32. **-kan** get for
someone 16.24. **peN-an** place to
get something 22.7.
ampas dregs, what is left when the
juice is extracted 17R10.
amuk attack wildly 22R8.

anak 1 child 11.3 2 son, daughter 5.17. 3 *term of address to a person young enough to be one's child* 17.6. **ber-** have children 23R3.

andai example, model **se-nya** if for example, supposing that 16.30.

anèh strange 15R1.

anggap meN- consider, deem 17R4.

anggota member 22.3.

anggur N- not have anything to do, be unemployed 17.46.

angin wind 17R8.

angka figure, grade 23.18.

angkat 1 lift 18R3. 2 answer the phone (lift the receiver) 20.6. **ber-** leave 8.7. **meN-** lift 22.11. **-kan** lift for someone 22.9.

angsur pay in installments 15.9.

anjak ber- move, budge from 23R9.

antar I bring, deliver 9.34.

antar II **~ Asia** inter-Asia 20R1.

antara among, between 20R1. **~ lain** among other things 20R2. **ber- (number) dari...** there are (so-many) between (subject) and... 22R5. **per-** intermediary 20R1.

antré be in line 22.27.

anu *filler or hesitation particle when one cannot think of the right thing:* umm 2.8.

apa 1 what? 1.1. 2 *question introducer (asks a yes/no question direct or indirect)* 1.16. 3 **~ yang** the thing that, whatever 16R4. **~ lagi** what else? 10.26 **~ saja** 1 name the things 11.30. 2 anything at all 12.22. **tidak ~** it doesn't matter, it's nothing 18.27. **-²** 1 anything at all 21.23. 2 anything and everything 15R3. **tidak -²** 1 anything, nothing 14.31. 2 it doesn't matter, it's nothing 4.38. **-bila** whenever 24R10. **-kan** do what to? 12.36. **ken-** (from kena-) why? 23.24. 2 what's the matter 11.7. **-lagi** especially 22.5. **meN-** why? 1.21.

api fire **kerèta ~** train 8.8.

arang charcoal 23R3.

arisan a periodic get-together of an established group where each member contributes a certain amount and each of the members gets a turn to get the whole amount at a certain meeting 21.11.

arloji clock, watch.

arti meaning 20R1. **ber-** have a certain meaning 17R4.

asal 1 origin **~nya dari mana?** Where are you from originally? 3.1. **~ mula** very origins 24R3. 2 so long as 20.21. **~ (verb) saja** do (such–and–such) just for the sake of doing it 23.48. **~ saja** any old way so long as it's done 23.46. **ber-** be originally from 15R8.

asalamu alaikum *greeting called out upon arriving at someone's house (from Arabic for "Peace be unto you!")* 17.1.

asam tamarind. **sayur ~** sour soup of vegetables with tamarinds 21.20.

asin salty 23.11.

asing foreign. **ter-** be isolated, kept apart from society 23R1.

asli original, indigenous 16R2.

astaga *an exclamation, short for "astagafirullah", Arabic for "May God forgive me!"* 22.2.

asyik be passionately busy 23R9.

atap roof 17R1.

atas 1 over. **di ~** on top of 9.45. 2 on account of 17R3.

atau or 8.18.

atur arrange, put in order 17.7. **ter-** be in order 17.40.

Australi Australia.

awak 1 body. 2 *(West Sumatran usage)* I 21R3. 3 *(East Sumatran and Malaysian usage)* you.

awas be careful, watch out 20.44.

ayah father 23.13.

ayam chicken 22R15.

ayó *(short forms:* **yók, yuk**) come on, please do *(informal).* 1 good-bye 1.25. 2 let's (do) 4.37.

B

baca read 8.17.

badan body 15R5.

bagai -mana 1 how? 1.6. 1a what was it that you said? 1.13. 2 how about it 4.7. 3 what should be done? 6.18. **-mana pun juga** however that may be, nevertheless 20R7. **ber-** various 20R5. **ber-²** all different kinds 24R9. **se-** 1 as 14R4. 2 in the capacity of 17.16. 3 as is the case 23R3.

bagi 1 divide 24.40. 2 for (the sake of) 17R10. **-an** division, part 10.4 **se-an** a portion of 18R5.

bagus 1 nice looking 12.11. 2 good 4.34.

bahak ter-² laugh boisterously 15R12.

bahan material 24R1.

bahasa I language 10.4. ~ **Indónésia** Indonesian (language) 2.12. ~ **Belanda** Dutch 8.16. **ilmu** ~ linguistics 16.24. ~ **ibu** mother tongue 16.19.

bahasa II introducer to an indirect statement: that (=BAHWA) 22R18.

bahaya 1 danger. 2 (=BER-) dangerous 20.41. **ber-** dangerous 20.21.

bahkan (=MALAH) in fact, even 20R1.

bahwa *particle preceding an indirect statement:* that 15R7.

baik good, fine 1.2. **-lah** okay, I agree to do it 1.5. ~ **hati** good-hearted 24.7. ...**maupun** not only...but also... 22.5. **-²** 1 good (plural) 15.40. 2 well 10.33. **-² saja** everything is fine 1.7. **ke-an** welfare, well being 23.48. **se-nya** the best thing to do would be 18.21. **ter-** the best 22.42.

baju clothes, dress 20.42.

bak I basin or tub for storing water 15R5.

bak II (West Sumatran usage) like, as. di **orang ~ itulah pula** as is

normal among humankind, so it was also... 23R4.

bakat talent. **ber-** be talented 22.35.

Bali *name of an island.* **jeruk ~** pomelo, a fruit similar to a grapefruit but drier and sweeter 14.16.

balok 1 beam of wood. 2 something shaped like a beam of wood 15R7.

balut bandage 18R3.

bambu bamboo 18R3.

Banda *an island in the Moluccas* 20R11.

Bandung *a city in West Java, seat of Sundanese culture* 8.6.

bang *short for ABANG.*

bangku bench 21R8.

bangsa nation, race 14R1. **suku ~** ethnic group within a nation 14R1. **ke-an** nationality. **berke-an** have a certain nationality 24R3.

bangun wake, get up 15R5.

bantal pillow, cushion 15R2. **sarung ~** pillow case 21.47.

bantu help 17.8. **-an** help given 14R5. **peN-** 1 assistant, helper 17R9. 2 helper, servant 3.34.

banyak 1 many 9.41. 2 ~ **(verb)** do (verb) to many things 11.29. **orang ~** the public 14R8. **ke-an** majority 20R10.

bapak 1 father 11.31. 2 *respectful term of address or title for older men or men occupying the position of father, teacher, boss and the like* 2.5. 3 gentleman 24.21. *Short form:* **pak** 1.3.

barang thing, item 9.28. **-nya** its quality 4.36.

barangkali maybe, probably 5.19.

barat west 22.42.

baru new 9.77. 2 only (so–and–so) much, long so far 4.2. 2a (such–and–such happens) before, (such–and–such) is the first time 8.6. ~ **saja** just now, recently 8.32. **-²** ini recently 22.42.

basah wet 18R3.

basuh wash off 22R23.

batal -kan cancel 20.4.

batang 1 stick. 2 counter for stick-like objects. **se-** one (stick) 5.28.

batas limit, boundary. **ter-** limited 20R12.

batik batik cloth 24R1. **meN-** make batik 24R2. **peN-** maker of batik 24R4.

batu stone, rock. **ès ~** ice cubes or blocks 15R7. **air ~** ice cubes 22R21.

bau smell 17R8. **-i** (dialectal: **-ni**) smell something 22R8.

bawa carry, bring 9.33.

bawah: di ~ under 11.8.

bawang: ~ mèrah shallots, onions 21.21. **~ putih** garlic 21.21.

bayar pay 14.10 **-an** payment 17R16.

bayi baby 23.5.

béa expenses. **-siswa** scholarship 24.43.

beberapa see BERAPA.

bècak pedicab 14.36.

bèda difference. **ber-** be different 24.26. **per-an** difference.

begini this way, like this 10.14.

begitu that way, like that 1.4. **kalau ~** in that case 5.3. **-lah** that's the way it is, it's like that if you understand what I mean 11.18.

bekas used, left-over 17R1.

bèla defend 16R3.

belah se- side 3.34.

belakang back 3.34. **ke ~** go out back (euphemism for go to the bathroom) 3.33.

Belanda Dutch (person, language, etc.) 2.8.

belanja 1 to shop 5.6. 2 expenses 17R10. **-kan** spend 17R10.

belas se- eleven 5.2. delapan- eighteen 24.10.

beli buy 4.29.

bèlok turn, veer 4.15.

belum not yet 2.15. **~ pernah** has never (done) 8.25. **se-** before 8.22.

benang thread 15R2.

benar 1 true. 2 truly, very 17.18. **-²** in a real way 21R4. **se-nya** actually 5.23.

benci hate 16R3.

benda article, something one can touch physically 24R6. **harta ~** one's wordly goods and money 14R6.

bentar se- just a minute 4.4. **se-lagi** in a little while 7.10. **2 ~ (time of day)** (= NANTI) tonight, this afternoon, etc. 24.3.

bentuk shape 20R8. **ber-** have the shape of 15R10.

benua continent 20R3.

berani 1 brave, courageous. 2 dare 15R5. **gagah ~** brave, courageous 20R7. **ke-an** 1 courage. 2 daring, nerve 22R6.

berangkat see ANGKAT.

berapa how many, much? 4.22. **jam ~** what time 5.20. **tidak ~** not very much 21R13. **umur ~** what is the age 24.17. **be-** a few, several 9.26.

beras rice that is husked but uncooked 21.24.

berat heavy 11.6. **ke-an** 1 have objections. 2 be too heavy 21.35.

bèrès in order, settled 16.33.

berhenti see HENTI.

beri 1 give to (someone) 9.33. 2 put (something) on 18R3. **-kan** give (something) 10.13. **-tahu** inform someone 14R7.

berkas 1 bundle. 2 papers, dossier 22.37.

berkat thanks to 22R2.

berongsang be angry. **meN-** say or do something angrily 22R14.

bersih clean 15.25. **-kan** clean something 21.4.

besar big 9.40. **-kan** be raised 16R2. **-²an** on a big scale 20R11.

bèsok 1 tomorrow 1.24. 2 the following morning 23R8.

betapa how very! to what a great extent! 22R3.

Betawi the old name for Jakarta 16R2.

betul 1 true 2.13. after adjective: very 4.1. **-²** really, genuinely 24R10. **ke-an** happen to be 11.14.

berke-an be a coincidence 23R12. **se-nya** actually 14R5.

bi *short for BIBI.*

biar 1 let someone do something 17.31. 2 in order that 18.33. 3 let it be, never mind 21.41. **-lah** let it be, never mind 3.31. **-pun** even though 15R9.

biasa 1 normal, usual 6.14. 2 be used to doing something 15R10. **air ~** fresh water 22R27. **-nya** usually 8.8. **-²** **saja** no more than usual, not especially well 24.6. **ke-an** custom, habit 15R10.

biaya expenses. **-i** furnish expenses to 21.18.

bibi aunt (usually parent's younger sister or cousin) 12.3.

bicara speak 10.19. **ber-** speak 8.17. **-kan** discuss 14R8.

bidan midwife 23R8.

bikin make *(colloquial)* 15.34. **-an** something made 21.21.

bila 1 when? (future or past). 2 if, when (future) 22R3. **apa-** whenever 24R10.

bilang say 10.8. **-i** say something to someone to correct his behavior 23.39.

bilik room 21R9.

bingung 1 be at a loss as to what to do 23.43. 2 confused 15R5.

bini wife (for a woman of low class). **laki-** married couple (not high class) 17R2.

bioskóp movie theater 20.33.

biró bureau, office 20.4.

biru blue 20R8. **~ muda** light blue 22.8.

bis bus 14.35. **~ kota** city bus 20.50.

bisa can, be able to 2.17. **apa ~** would that be possible? 10.17. **juga ~, ~ juga** 1 will also be possible. 2 will be all right, too 15.14. **~ saja** 1 certainly it can be done 12.3. 2 *(short for **bisa saja omong begitu**)* be quite capable of doing or saying something wrong 24.43.

bodoh stupid 23.19.

bolpoin ball point pen 3.29.

Bogor *city in West Java* 14R3.

bohong tell a lie 23.37.

bola ball. **~ lampu** light bulb 17.30.

boléh 1 may 1.8. 2 that's okay, that will be all right 4.25. **mana ~** how could it be possible! 14.22.

bon bill, coupon 14.10.

bosan be tired of doing something 23.48.

Bouraq *name of a privately-owned airline serving Indonesia* 20.11.

Bromo 1 volcano in East Java. 2 *name given to streets, firms* 20.8.

bu *short for **ibu*** 1.13.

buah 1 fruit 14.15. 2 *counter for articles larger than a piece of fruit* 10.21.

bual boasting, big talk 22R2.

buang 1 throw away. 2 remove 24R5. **-kan** remove 22R23.

buat 1 for (the sake of) 14.18. **~ apa** what for? 18.28. 2 make 17R1. **ber-** do. **-an** something made 24R10. **per-an** deed 22.24. **ter-** be made of 15.6.

bubung ridge, top, ridgepole. **meN-** rise to the rafters. **meN-tinggi** rise to great heights 22R2.

budaya cultured. **ke-an** culture, civilization 20R2.

Bugis *name of an ethnic group in South Sulawèsi* 20R8.

buka 1 be open 6.19. 2 open something 21.6. **meN-** open something 15R5. **ter-** be opened 21R9.

bukan 1 no, not *(negates nominals)* 2.6. 2 *end of sentence:* isn't that the case? 2.12. 3 *negates sentences:* (sentence) is not the case 20R1. **~ main** very, extraordinarily 14R7. **bukan saja...tetapi** not only...but 21R1. **-nya, -lah** *negates sentences:* (sentence) is not the case 23.48. **yang -²** unusual or unnecessary things 23.14.

bukti proof. **-kan** prove something 20R3.

buku book 6.5.

bulan month. **~ depan** next month 8.24. **ber-²** for months 24R9. **se-**

one month. **se- lepas, se- datang**
the day was coming (*lit.* after one
month, another month came)
23R7.

bumbu spice, herb 21.20.

bunga flower 12.31.

bungkah sizeable piece. **se- ès** one
chunk of ice 22R3.

bungkus 1 pack, counter for
packages 5.24. 2 wrap something
14.9. **-an** package 15.37. **-kan**
wrap up as a favor 10.33.

bungsu 1 youngest child in a
family 17.27. 2 *a man's name*
22R2.

bunuh murder 14R7. **peN-**
murderer 14R8.

bunyi sound 17R3. **ber-** make a
sound 15R6.

Burhan *a man's name* 17.27.

buru chase. **ter-²** to be in a big
hurry 17.18.

C

cabang branch 24R7.

cabut pull out 21R14. **main ~** pull
out needlessly 21R3.

cahari *old spelling for CARI.*

cair liquid, molten 24R4.

cakap 1 talk 2 skillful, able 22.39. 3
(=CAKEP) good looking 24.23.

cakep good looking (= CAKAP, 3).

calon candidate, aspirant 22.36.

campur mix in. **tahu ~** kind of
salad with soybean cakes and
krupuk **ber-** mixed with 21R15.

cangkir cup 21.14.

cantik good-looking, pretty (said of
women) 14R3.

canting a small tube for spreading
wax in making batik 24R4.

cap stamp, seal 24R9.

capai I /capèq/ tired 11.8.

capai II reach 24R3.

cara way, manner 15R10. **se-**
(adjective) in an (adjective)
way 16.17.

cari look for 9.29. **-kan** look for
something for someone else 10.13.

peN-an 1 search 20R11. 2 living,
livelihood 21R1.

catat note down 18.17.

celaka bad luck 17R10.

celana trousers, pants 18R2.

celup immerse. **-kan** immerse
24R6. **peN-** one who immerses
something 24R10. **peN-an**
immersion 24R4.

cepat fast 11.5. **-²** do fast, hurry
something up 1.21. **se-² nya, se-**
mungkin as quickly as possible
16.35. **-an** make faster 20.45.

cepet = CEPAT.

cerat nozzle, spout. **ber-** have a
nozzle, spout 24R4.

cerita story 10.23. **-kan** tell, relate
9.19. **-nya** he said 23.21.

cètak print 9.12.

cèwèk young woman (*slang:*
"chick") 24.19.

ch *words with ch are listed under*
KH.

cinta love. **jatuh ~** fall in love
14R5.

Cirebon *a city in West Java* 24R8.

coba 1 try 14.4. 2 *particle*
introducing a command to one
with whom one is on informal
terms: please (do) 2.16. 3 let me,
let's (do) 16.10.

cocok I (always /cocok/) fit, be the
right thing (size, etc.), be in the
right place 11.18.

cocok II prick 21R21.

coklat 1 chocolate. 2 brown 21.13.

contèng smear. **ter-** be smeared
23R3.

contoh example 24.30.

copèt 1 to pick pockets. 2 (=
PENCOPÈT) pickpocket 22.28.

corak 1 design, motif 24R8. 2
feature, character. **ber-** have
certain features 20R2.

Cornèll Cornell University 16.21.

cowok young man (*slang* "guy")
24.20.

cuci wash clothes, dishes, etc.
11.14. **-an** laundry, washing
21.38.

cukong big businessman, usually (but not necessarily) Chinese 22.5.

cukup enough, sufficient 15.22. ~ (**adjective**) quite (adjective) 15.35.

cukur shave, cut hair **pisau** ~ razor 18R1. **ber-** shave oneself 18R1. **meN-** shave someone, something 18R3.

cuma only 9.28.

cuman = CUMA.

cungkil pry out, open, lift by prying 23R12.

curi steal 23R11. **peN-** thief 23R13.

curiga be suspicious 16R6.

D

dadak meN- all of a sudden, come up unexpectedly 20.2.

daèrah area, territory, region 14R4.

daftar list. ~ **makanan** menu 22.18.

dagang trade, commerce. **ber-** engage in trade, commerce 15R1. **-an** goods for sale 17R3. **pe-** merchant 15R1. **per-an** trade, commerce 14R1.

daging meat **soto** ~ bean thread soup with meat 22.19.

dagu chin 21R18.

dahulu = DULU, 1.

dakwa charge with a crime. **-an** charge 17R9.

dalam 1 in, inside 9.30. 1a in (a situation) time, place 14R5. 2 deep 23R2. 3 the insides 15R16. **pakaian** ~ underwear 21.42.

damai peaceful 23R1.

dan I and 2.11.

dan II *final in sentence:* well then 21R5.

dangkal shallow 20R10.

dapat 1 get, obtain 9.13. 2 be able to, can 15R3. 3 be gotten 22.28. **ter-** be found 17R1. **peN-** opinion 24R3. **se-nya** (**noun**) as soon as I get (noun) 16.30.

dapet = DAPAT, 1 *(colloquial)*.

darah blood. **ber-** be bloody 23.31.

darat land 20R6. **-an** land areas 20R10.

dari 1 from 1.3. 2 of 14R1. 2a made of 21.42. 3 since 20R3. 4 **lebih**...~ more ~ than 22.5. **lebih**... ~ **itu** more than that 20R1. **-pada** 1 from 23R4. 2 of 24R10.

dasar 1 bottom 20R10. 2 basic, basis 24R6.

Dasima *a woman's name* 14R2.

data data 18.17.

datang 1 come 1.24. 2 arrive 11.11. **yang akan** ~ *(abbreviation:* **yad**) next, coming 20R9. **sebulan lepas sebulan** ~ the time was drawing near 23R7. **-i** go to 16R6. **-kan** import, ship in 15R2. **peN-** immigrant 20R5.

dateng = DATANG *(colloquial)*.

debar beating of heart. **ber-²** pound and pound 21R10.

dekat near, close 1.15. **-i** come close to, approach 17R7. **ber-an** close to one another 20.33.

delapan eight 4.2.

demi for the sake of 23.48.

demikian so, thus, in such a way 15R10. **dengan** ~ in this way 20R2.

dengan 1 with 10.19. 2 ~ (**adjective**) in an (adjective) way 15R3. **sama** ~ same as 14.32.

dengar hear 9.11. **-kan** listen 17R13. **ke-an** can be heard 22R31.

denger = DENGAR *(colloquial)*.

depan front 12.15. **bulan (minggu, tahun)** ~ next month (week, year) 8.24.

dèpartemèn department 16.26.

deras fast, with force 15R5.

dèsa village 11.17.

Desèmber December 22R1.

dèwasa adult 16R2.

di in, at, on 1.11. ~ **mana** where? 1.10. **sana** there 3.9. ~ **sini** here 5.5.

di- *see appropriate roots.*

dia he she, 2.11. **ini** ~ here he (she, it) is 17.27. **itu** ~ there he (she, it) is 4.20.

diam quiet, be quiet 12.28. **ber-** stay, dwell 17R1. **peN-** quiet person 24.6.

didih meN- boil, be boiling 24R5.

didik educate. **peN-an** education 12.20.

dik *short for* **adik** 2.14.

dikit se- a little 2.18.

dingin cold 11.2.

diri 1 self, oneself 16R2. **merendahkan ~** be modest 23R2. **minta ~** ask permission to leave 17.17. **tahu ~** know how to behave 24.30.

Djarum *brand of Indonesian cigarettes (from jarum "needle")* 5.25.

doa /doqa/ prayer 23R16. **ber-** say prayers 23R4. **meN-** say prayers 23R10.

dokter doctor 8.30.

dompèt wallet 22.28.

dorong push 22.11. **~ meN-** push each other 22.33.

dosèn college instructor 8.30.

dua two 4.24. **ber-** both (do something) 17R8. **ke-** 1 both 15R8. 2 *after word modified:* the second 17.14. **ke-²** both 22.8.

duduk sit 1.2. **peN-** inhabitant 12.7. **ke-an** behind, buttocks 21R12.

duit money *(colloquial)* 22.5.

dukun healer who uses native medicines or magic 14R5.

dulu 1 first (before something else) 4.12. 2 before, previously 8.13. **jaman ~** times past 20R1. **kemarèn ~** day before yesterday. 3 for a moment 1.21. **permisi ~** excuse me (us) 1.20.

dunia world 23R1.

duri thorn 21R3.

dusun village 23R1.

duta ambassador, envoy. **Hotèl ~ Indónésia** *name of a hotel* 15R9.

E

è 1 *shout to attract attention:* hey! 2 *exclamation to correct something* 21R27.

ècèr sell retail, a small bit at a time. **-an** sold singly or on a retail basis 5.27.

Èdi *man's name* 12.16.

Èdward *man's name (EDWARD)* 14R4.

éh = É.

èkor 1 tail. 2 counter for animals 18R1.

èkspor export 15R13.

emas gold 15R2.

empat four 4.23. **seper-** a fourth 4.2. **ke-² nya** the four of them 23R3.

empunya yang ~ the owner 22R7.

ènak 1 delicious, pleasing to the senses 3.25. 2 easy, pleasant to use 12.8. **ke-an (verb)** have too much fun (doing) 22.7.

enam six 10.18.

engkau *(short form: kau)* you *(familiar)* 21R14.

engku *title for a respected male* 21R3.

entah I don't know, I really don't know 15.34. **~...~...** I don't know whether... or whether... 23R12.

erang meN- groan, moan. **meN-²** **kecil** moan softly 21R8.

erat close, tightly 24R7.

Éropa Europe 20R5.

erti meN- understand 1.17.

ès 1 ice 15R6. 2 iced drink 6.23. **~ krim** ice cream 15R7. **~ Petójó** block ice 15R6. **~ tèh** iced tea 21.13.

èsok hari -nya the following day 17R11. **ke-an harinya** the following day 15R3.

F

faktor factor 24R10.

filem film 22.27.

filsafat philosophy 24R7.

formulir form (to fill out) 18.15.

fótó photograph 18.20. **-kópi** photocopy 18.17. **pas-** passport photograph 18.18.

fungsi function. **ber-** have a function 24R4.

G

gadó N- eat food without rice 17.29.

gagah dashing, strong and good-looking 20R8. ~ **berani** brave, courageous 20R7.

gagal fail 22.37.

gala se- 1 all 17.40. 2 (do) unnecessarily, when one really shouldn't 14.8. ~ **sesuatu** each and everything 15R2.

gali dig, excavate. **ter-** exploited 20R10.

gambar picture 24R3.

gambir a spice produced from the leaves of the gambir tree, used in betel chewing 22R2.

gamelan Javanese or Balinese orchestra 24R7.

gampang easy 21.44.

ganggu disturb 17.24. **ter-** disturbed 24R10.

ganti change, exchange 18R2.

gantung 1 hang 21.44. **ter-** hang, hung 15R6. 2 it depends 18.10.

garam salt 23.12. **Gudang ~** brand of cigarettes 5.24.

garis line drawn 24R9.

garpu fork 21.13.

Garuda 1 *mythical bird, symbol of Republic of Indonesia.* 2 *name of a hotel, airline* 1.11.

Garut *a city in West Java* 24R8.

gayung water dipper 15R9.

gedung building 22.6.

gelak laughter 22R31.

gelap dark 9.46.

gelas drinking glass 21.15.

geli ticklish 23.38.

gelincir ter- slip 18R3.

gemar *followed by a verb or* **akan***:* like, fond of, be a fan of 24R1.

gemetar tremble 21R10.

gemuk fat 17R2.

gemuruh thundering 22R31.

genap complete 17R15.

gerak movement. **ber-.²** move around 23.37. ~ **gerik** movements 24.17.

gerik gerak ~ movements 24.17.

giat active. **ke-an** activity 20R11.

gigi tooth 21R1. **pasta ~** toothpaste 23.6. **sikat ~** 1 toothbrush. 2 brush one's teeth 23.9.

gimana = BAGAIMANA *(colloquial)*

gini = BEGINI *(colloquial)*

gitu = BEGITU *(colloquial)*

golong -an group 20R7.

goréng fry, fried 21.20.

gosok rub, scrub 23.9. **-kan** rub something on something 18R2.

Gresik *a city in East Java* 24R8.

gudang warehouse. ~ **Garam** *brand of Indonesian cigarettes* 5.24.

gula sugar 21.13.

gulai meat or vegetable dish cooked in coconut milk 22R9.

guling a long cushion used for the legs when sleeping 21.47. **bantal ~** = GULING.

guna use 24R4. **ber-** useful 16.21. **-kan** to use 15R10.

gunting 1 scissors. 2 cut with scissors 24R1.

guru teacher 2.11. **tuan ~** *title for religious teacher* 23R2.

Guruh Guruh Soekarno Putra, Soekarno's son, a popular Indonesian musician. *See also GEMURUH.*

gusar angry 21R15.

H

Habiburrahman God (Arabic for "the Merciful, Loving One") 23R4.

habis 1 all gone, used up 10.8. 2 after so–and–so 11.14. 3 well, because (so–and–so) is the case 21.4. **ke-an** run out of 16R5. **yang peN-an** the final one 24R5. **se-** after (doing) 17.31.

hadap meN- appear before a person of higher name 18.6. **ter-** 1 against 17R9. 2 concerning, about 22.7.

hadir be present, attend 17R7.

hadirat presence **ke-** *honorific for "kepada", used only with words referring to God* 23R4.

hai hey! 5.5. (= È).

hakim judge 17R9.

hal case, matter 17R3.

halaman 1 page 18.17. 2 yard 11.10.

haló hello (on answering phone) 24.1.

halus 1 fine (describing texture) 24R7. 2 refined (of manners). **ke-an** refinement, fineness 24R9.

hambur scatter. **-²kan** scatter something recklessly 14R6.

hamil pregnant 23R5.

hampir almost 5.23. ~ **saja** almost (something unpleasant) happened 15R4. **-i** approach 15R3.

handai friend 22R3.

handuk towel 23.7.

hanya only 5.14.

harap 1 to hope. 2 ~ **(verb)** please (verb) 20.31.

harga price 4.30. ~ **pas** fixed price 14.8. **-i** appreciate, know the value of 24R10.

hari day 5.10. ~ **èsoknya** the following day 17R11. ~ **ini** today 4.6. keèsokan **-nya** the following day 15R3. **mata** ~ sun 21.44. **tengah** ~ noontime 8.6. **se- dua** ~ a day or two 15.39. **se-an** all day long 17R2.

Hariyadi *a man's name* 18.4.

harta goods. *see BENDA.*

harus must, have to 1.22. **se-nya** the way it should be 16.28.

Hasanuddin a university in Ujung Pandang, Sulawesi. 16.1.

hasil product 12.36. ~ **tambang** mineral products 20R10. **ber-** succeed, have success 14R5. **-kan** produce 17R3.

hasrat desire 15R5.

hati 1 liver. 2 heart (as seat of emotions) 14R5. **kecut** ~ be afraid 21R9. **-²** be careful 12.13. **ber-baik, baik** ~ to be of good

character 16R3. **per-an** attention 24.40.

haus thirsty 19.19.

hayat life. **-i** pertaining to life 20R10.

he-eh uh-huh ("yes" — *colloquial*) 22.7.

helai counter used for sheet-like objects 18.17.

hendak will, want to 17R15.

henti ber- stop. **ter-** come to a complete stop 22R26.

hèran surprised 21R15.

hèwan domestic animal. **dokter ~** veterinarian 18R6.

hias decorate 24R5. **-i** decorate something 15R2. **lampu ~** decorative lamp 22.32. **per-an** decoration 24R9.

hibur -an entertainment 15R6.

hidang -kan serve (food, drink, etc.) 21.13.

hidung nose 18R2.

hidup 1 live 11.18. 2 life 14R5. **peN-an** way of life 23R1.

hijau green 12.11.

hilang be lost, gone 15.34. **meN-** disappear 15R7.

Hindu Hindu 20R2.

hingga 1 until 17R11. 2 up to the point that 22R26. **se-** with the result that 14R5.

hinggap -i alight on 17R8.

hirup sip, suck, breathe in 17R8.

hitam black 21.29.

hitung ber- do arithmetic 23.17. **meN-** count 17R3.

hmm *particle used when thinking:* hmm, let's see 15.33.

hotèl hotel 1.11.

hubung -i get in touch with 16.26. **-kan** bring into contact 16.5. **peN-** connector 20R1.

hujan rain 19.26. **musim ~** rainy season 11.27.

hukum 1 law 17R3. 2 mete out legal punishment 14R7. ~ **mati** give the death sentence 14R8. **putusan ~** verdict 17R13. **-an** 1 sentence 17R13. 2 one on whom a sentence has been passed, prisoner 23R11.

huruf letter 15R6.
hutan woods, forest, jungle 23R11.

I

ia he, she 14R3. = DIA. -lah is, are
20R1.
IAIN *(abbreviation for Institut
Agama Islam Negeri)* National
Institute of Islamic Religion (a
university–level institution)
20.52.
ibadah religious service. ber-
engage in religious duties 23R2.
ibu 1 mother 11.13. 2 *respectful term
of address or title for women* 8.3.
~ kota capital city 14R1. *Short
form:* bu 1.13.
ikan fish 20R11. per-an fishing
20R11.
IKIP *(abbreviation for Institut
Keguruan dan Ilmu
Pendidikan)* Institute of
Teacher Training and Education
17.11.
ikut 1 come, go along 6.5. 2 take (a
test) 24.43. -i follow 11.5 -kan
make something go along 15.18.
ilahi kodrat ~ God's will 23R5.
ilmiah scientific 16.20.
ilmu knowledge, science 23R2. ~
bahasa linguistics 16.24.
imbang se- balanced, equal.
kese-an balance, harmony
24R10.
imbau (also himbau) call, beckon
22R28.
Imigrasi the Department of
Immigration (Chapter 18, Title).
inap meN- spend the night 15R9.
indah beautiful 12.7.
India India 20R2.
Indónésia Indonesia 2.12.
ingat remember 15.41. meN- think
back on 15R12 se- saya to the best
of my memory 16.16.
Inggeris English 14R4.
ingin want to (verb) 11.17.
ini 1 this 1.3. 2 here 3.30. 3 now
5.23. yang ~ this one as opposed to
another one 4.32. 4 *pause word:*

er... 17.30. ~ dia this is it, here he
is 17.27. aku, saya ~ I, me,
(deferential) 17R10. baru² ~ just
now 24.43. hari ~ today 4.6.
kamu, Óm (etc.) ~ you (as
opposed to other people) 14.8.
malam ~ tonight 17.23. sekarang
~ present time, nowadays 24R1.
injak step on 15R4.
internasiónal international 20R6.
inti ~ sari essence 17R10.
irama rhythm. Bióskóp ~ *name of
a movie theater* 20.33.
isi 1 contents 22.5. 2 to fill in, up
18.4. peN- filling 24R9. se-
kampung the whole village 23R2.
Islam Islam 20R4.
isteri wife 3.13. ~ muda one's
second wife 14R1. ~ tua one's
first wife (when one has a second)
14R1. ber- take a wife, be
married 17R4.
istimèwa especial 15R6.
isya sembahyang ~ evening
prayer 23R9.
itu 1 that 1.12. 2 there (pointing)
5.4. yang ~ that one as opposed to
another one 3.22. ~ dia that's it
4.20.
iya yes 12.11 (= YA).
izin permission 16.30. -kan permit,
allow 17R16.

J

jabat grasp, clasp. pe- official
24.29.
jadi 1 become. 2 so, therefore 6.12. 3
to fulfill the purpose, be okay 3.31.
tidak ~ not turn out 4.37. 4 be (so–
and--so) as status 8.22. ~ orang as
a human being, since you are a
human (you should do so–and–
so) 23.39. meN- 1 become. 2 be a
(such–and–such) status. -kan
make into 24.30. ter- happen
15R1. meN-² get worse and
worse 21R4.
jadwal schedule 16.10.

jaga watch over, guard. **tukang ~** one who serves in a store or restaurant 22R9.

jagal merchandise 22R21.

jagó champion 14R7. **sok -an** act like a tough guy 23.35.

jagung corn, maize 12.31.

jajah colonize, dominate 16R3. **peN-** colonializer 16R4. **peN-an** colonization 20R6.

jajan snack 23.13. **-kan** spend on snacks 23.28.

Jakarta Jakarta. 12.26.

jalan 1 road, way 4.12. 2 go, walk 4.15. **-²** go for a walk 6.23. **ber-** walk 18R2. **per-an** trip 22.14. **biró per-an** travel bureau 20.4.

jalin ter- be entwined 24R7.

jalur lane 20.50.

jam hour, time (of day) 4.2. **ber-²** for hours at a time 23R6.

jaman period, era 20R1.

jamin guarantee 22.28.

Jampang *a man's name* 16R1.

jampi magic formula 21R1.

janda widow, divorcee 17.10.

jangan don't! *(negative imperative)* 19.16.

janggut beard 18R1.

jangka length of time **-nya tak menjelang...** it won't take her until... 23R8.

janji date, appointment, promise 5.19.

jarang seldom 22.30.

Jatim *acronym for JAVA TIMUR:* East Java 22.42.

jatuh fall 17.38. **~ cinta** fall in love 14R5. **-kan** drop something 17R13.

jauh far 4.16. **~ malam** late at night 23R10.

Jawa Java 20R2.

jawab answer 17R8.

jaya ke-an glory 20R3.

jelang meN- reach (time) 23R8.

jelas clear 15R3. **-kan** clarify, explain 24R2.

jelèk bad, ugly 23.46.

jemput go to fetch, pick someone up somewhere 23.27.

jendèla window 23R12.

jènggot beard (= JANGGUT) **ber-** have a beard 24.21.

jenis type 18.11.

jerit scream 21R9. **meN-** to scream 18R3.

jeruk citrus fruit 14.32. **~ bali** pomelo 14.16.

jika if, when (future) 16R3. (= KALAU).

Jon *man's name* 1.3.

jua 1 nevertheless, still 23R10. 2 somewhat, rather 22R18.

jual sell 9.32. **peN-** seller 17.41.

judi gamble. **peN-** gambler 14R5.

juga 1 also 2.11. 2 rather 11.3. 3 still, nevertheless 15R10. **bagaimanapun ~** no matter how it is 20R7. **belum ~** still not 18R1. **~ bolèh, bisa; bolèh, bisa ~** is all right 11.24. **sekarang ~** this very minute 15.14.

Juli July 24.10.

Jumat, Jum'at Friday 10.14.

jumlah total, sum 10.32. **-kan** add something up 10.30.

juru I *followed by a verb:* one who does (verb) as an occupation. **~ rawat** nurse 21R10.

juru II peN- corner, angle 20R4.

jurus meN- go in a certain direction. **-an** 1 direction gone to. 2 field one studies in 16.24.

justru exactly, precisely 15.7.

K

kabar news 1.2. **apa ~?** how are you? **-i** inform someone of something 21.19.

kaca 1 glass 22R30. 2 mirror 18R1. **~ mata** eyeglasses. **ber- mata** wear eyeglasses 24.20.

kacang bean 21.20. **~ panjang** string beans 21.20. **~ tanah** peanuts 12.34.

kadang -² sometimes 17.42.

kadó gift 24.15.

kagum amazed 24.29.

-kah *question particle following stressed word of predicate* 22R21. **apa-** *question particle preceding*

predicate 16.23. **atau-** or is it that...
16.25.

kain 1 cloth 21.41. 2 sarong 24R9.

kaji 1 knowledge of the Koran
23R2. 2 recitation of the Koran.
meN- recite Koran 23R2.

kakak elder sister/brother 5.4.

kaki foot 14.36. **kaos ~** socks 21.43.

kalau 1 if 1.8. 2 as for 5.26. 3 when
(future, in general) 11.27.

kali 1 time(s). 2 **(number) ~**
(number) six (three, etc.) by six
(three, etc.). **lain ~** some other
time 9.6. **sering ~** often 24R10.
se- 1 very, very much 3.10. 2 at
one time 15R6. **ber-²** many times
22R14. **se- lagi** once again 18R3.
se-an do something at the same
time as something else 15R1.

kalian (from **sekalian**) you
(plural) 22.6.

Kalimantan Kalimantan (Borneo)
20R3.

kalok = KALAU *(colloquial)* 14.36.

kamar room 3.33.

kambing goat 22R15.

kami we, us, our (excluding the
hearer) 1.20.

kamit komat ~ moving the lips
without speaking aloud 23R20.

kampung 1 village. 2 a certain
area in a city away from the main
streets 17.5.

kamu you, your *(informal and
personal)* 4.29.

kamus dictionary 10.3.

kan 1 final in sentence: (so–and–
so) is the case, isn't it? 4.10. 2
because as you well know... 4.2.

kanan right 3.34. **di kiri ~** on both
sides of 12.7.

kandung meN- contain 20R10.

kantor office 10.43.

kantuk N- be sleepy 17.45.

kaos sock, stocking, undershirt ~
kaki sock 21.43.

kapal ship 20R2.

kapan when? 20R2.

karang compose. **-an** composition
24R2.

karcis ticket 17.41.

karena because 5.19. **~ itu** for that
reason 9.47. **olèh ~ itu** for that
reason 23R2.

karèt rubber 11.9.

Kari *man's name* 22R2.

kari meat or vegetable stew with
spices, curry 22R9.

Karimun *man's name* 17.27.

kartu card 10.42.

karya works 16.20.

kasar rough, coarse 18R3.

kasèt cassette 14.1.

kasi 1 give 9.47. 2 put in 21.12. ~
(adjective) cause. **~ habis** finish
off 23.10. **~ masuk** put in 23.5.

kasih 1 love. **terima ~** thank you
1.3. **~ sayang** affection 17R2. **-an**
have pity 21R14. **MahapeN-** The
Almighty, Loving One 23R4.

kasir cashier 10.30.

kassa the cashier's place 14.10.

kasur mattress 15.32.

kata 1 word 24R1. **pèndèk ~** in short
24.11. **~ sepakat** agreement 24.3.
2 **~ (genitive)** (genitive) says
20.4. **~ orang** they say 24.29.

katun cotton 24R6.

kau *(short for ENGKAU)*: you
(familiar) 23.42.

kawan friend 15R1. **ber-** be friends
15R8.

kawin married 3.11.

kaya I rich 15R1. **ke-an** wealth,
riches 17R3.

kaya II like *(colloquial)* 22.33.

kayak = KAYA II.

Kayam Umar ~ *name of a
contemporary Indonesian author*
10.23.

kayu wood 15.32.

ke 1 to 1.24. 2 go to 3.35. **-pada** to (a
person) 14R5.

kebun garden, plantation 12.29.

kecambah bean sprouts 21.21.

kecap taste 22R22.

kecèwa disappointed 22.35.

kecil small 3.35. **kamar ~**
bathroom 3.35. **rakyat ~** common
people 16R3.

kecuali except 18.23.

kecut 1 shrunken, shrivelled. 2 sour. ~ hati afraid 21R9.

kedai small shop or café 22R4.

kehadirat *see HADIRAT.*

kejut ter- startled 15R4.

kèkèk ter-² with high–pitched laughter 22R18.

kelahi ber- fight 23.32.

kelambu mosquito net 9.31.

kelas classroom 23.19.

keliar ber-an swarm around in large numbers 22R3.

keliling go around 22.30.

Keling Indian (especially a Tamil) 22R4.

keluarga family. ber- to have a family, be married 17R4. se- with the entire family 17.30.

kemarèn = KEMARIN.

kemarin yesterday 9.47. ~ dulu day before yesterday 17.7.

kembali 1 return 8.32. 2 you're welcome 1.6. -kan return (something) 10.36. -nya change (money) 10.36.

kembang 1 flower. 2 *name of a bus company* 20.23. ber- flower, develop 20R2. per-an development 24R2.

kembara meN- wander, roam about 23R11.

kemèja shirt 18R2.

kemudian later, later on 20R4.

kena struck, affected 17R6. ~ apa what happened (to) 23.21. meN-i concerning, about 16.7.

kenal know, be acquainted with 2.14. di- be known as 14R4. -kan introduce 11.15. per-kan introduce 20R2. ter- famous 24R8.

kenan per-kan permit (by someone of high status) 23R18.

kenapa *see APA (from KENA APA).*

kendara -an vehicle 20.31.

Kendungdoro *name of a street* 20.33.

kening brows 23R3.

kentang potato 21.22.

kenyang full (from eating) 22.25.

kepada *see PADA.*

kepala head 8.24. ber- have as a head 24R4.

kera monkey 18R1.

keran faucet 15R5.

keranjang basket 21.38.

keras hard, loud. -kan do something harder, with more force 23R16. ke-an 1 violence 2 be too tough, too hard 23.39.

kerèta cart. ~ api train 8.8.

kering dry 21.49.

kerja 1 do 9.1. 2 work 17.14. be-work 8.18. -kan do something 12.29. pe-an work 17R4. pe-kan put to work, employ 22.36.

kerling meN- throw a glance at 22R24.

kertas paper 10.33.

keruan tidak ~ chaotic. tidak ~ fall in a heap 18R3.

kesan impression 22.40. -kan impressive 22.15.

ketika when (past time) 15R12.

ketimun cucumber 21.21.

ketua *see TUA.*

ketuk knock 15R3.

khali fail to do something 23R4.

khalwat exclude oneself, meditate 25R6.

khusuk be absorbed in something, to do something with all one's heart and soul 23R6.

kian se- so–and–so much 17R10.

kikir stingy 17R17.

kilat lightning. ber-² shining 21R12.

kiló kilometer 11.5.

kira think 8.6. -² approximately 8.6. -nya do you think you might? 23R18.

kiri left 3.34. di ~ kanan on both sides 12.7.

kirim send 10.33. -kan send off 10.41.

kita we, us, our (including the hearer) 4.6.

kitar se- 1 area around 15R3. 2 preceding a number: approximately 24.12.

kodok frog 23.32.

kodrat God's will 23R5.

kok 1 *initial*: why, how come! 12.14. 2 *final: particle emphatically denying what interlocuter said or might be supposing*: oh no! 12.5.

kolam pond, pool 23.25.

komat *see KAMIT*.

kómik comic book 23.20.

konon they say 23R2.

kontrak 1 lease 15.7. 2 contract 15R13. **-kan** lease out 15.5. rumah **-an** house for lease 15.5.

koper (= KOPOR) suitcase 22.7.

kóperasi co-operative association 18.31.

kopi I coffee 11.23. **N-** drink coffee 20.43.

kopi II pótó ~ photocopy 18.17.

koran newspaper 22.4.

korsi chair 9.28.

kosong empty 14.37.

kota city 11.15. **ibu** ~ capital city 14R1.

kotor dirty 18R2.

krupuk a type of fried cracker or chip 21.26. ~ **udang** shrimp chips 21.27.

-ku, ku- me, my. *see AKU*.

kualitas quality 24R9.

kuasa power. **-i** dominate 20R6.

kuat 1 strong 16R4. 2 strong, devoted in doing something 23R21.

kuatir worry, be concerned, anxious 16.33.

Kudus *a city in Central Java* 24R8.

kuè cake, cookie 4.22.

kuliah 1 university course. 2 take courses in a university 16.32.

kulit skin 14.29.

kumis moustache 18R1. **ber-** have a moustache 24.21.

kumpul ber- gather 11.3.

kunci key 15.33.

kuning yellow 21.13.

kunjung -i visit a place 12.2. **-an** visit. visa **-an** visitor's visa 18.11.

kuno ancient 24R3.

kupas peel 14.29.

kupon coupon 20.39.

kurang 1 less than enough, insufficient 1.17. 2 (so-and-so) much before the hour 5.2. **ber-** become less 17R4.

Kuripan *name of a village* 14R3.

kurnia grace or gift from a superior **-kan** to present 23R4.

kurus thin, skinny 17R5.

Kutèi *name of kingdom in Eastern Kalimantan* 20R3.

L

labu squash 21.20.

ladang dry crop fields 11.31.

lagi I 1 more, another 5.14. 2 again 1.24. 3 **(time expression)** ~ (so–and–so much) longer 5.13. 4 *(unaccented)* as well, in addition 22.7. **belum** ~ still not yet 18R3. **lebih (adjective)** ~ even more so 10.14. **tidak (adjective, verb)** ~ not be, do any longer 5.14. **yang satu (tiga)** ~ the other one (three) 4.28. **apa** ~ all the more so 17R3.

lagi II be in the process of doing (= SEDANG) 9.1.

-lah 1 *particle modifying a predicate which precedes the subject* 4.15. 2 *particle with an exhortation* 3.23. 2a *particle with an agreement to do something:* oh, okay. 9.38. **baik-** okay, I agree. 1.5. **begitu-** that's the way it is! 11.18.

lahir be born 8.30. **-kan** give birth 8.24.

lain different, another 10.6. ~ **kali** another time 9.6. **antar** ~ among other things 20R2. ~ **kali** sometime in the future 21.33. **-²** various other 24R7. **se-** besides, in addition to 14R1. **meN-kan** (not...) but rather 20R1.

laki husband (of low status) **le-** male, man 18R2. **-²** male, man 5.18. ~ **bini** married couple (of low status) 17R2.

laku -kan do something, carry out 18.14.

lalat fly 21.13.

lalu *preceding a sentence:* the next thing in conversation, then 14.30. ~ **lintas** traffic 20R1. **tahun (yang)** ~ last year 8.28. **yang** ~ ago 8.34. **-i** pass by, through 14R5. **se-** always 14R6. **ter-** too 4.35.

lama 1 long (time) 5.9. 2 long time ago 10.8. **berapa** ~ **lagi**? how much longer? 5.18. **tidak** ~ **lagi** not much longer 5.14. ~ **ke-an** finally, in the long run 14R5. **se-** for the time that 14R6.

lamar apply. **pe-** applicant 22.34.

lambat slow. **ter-** late 8.10. **se-²nya** at the latest 16.28.

lampau past. **di masa yang** ~ in the past 20R9. **seratus tahun yang** ~ a hundred years ago 16R2.

lampir -i enclose in a letter 18.15.

lampu lamp 8.47. **bola** ~ light bulb 17.30.

langkah step 23R20.

langsing sleek, slender 20R6.

langsung direct 16.26.

lantai floor 15R2.

lantas then, next 21.13.

lap rag 21.41.

lapang free, open **-an** field, open areas 15R8.

lapar hungry 11.5. **ke-an** starved 20.40.

larat *see* MELARAT.

lari run 11.38. **pe-** 1 runner. 2 *name of a fast type of ship* 20R8.

larut dissolve. **-an** solution 24R4.

lat late 4.2.

lauk ~ **pauk** side dishes eaten with rice 22R4.

laut sea 20R1. **-an** seas 20R2. **pe-** sailor 20R3.

lawan 1 opposite 22R18. 2 oppose 20R7. **per-an** opposition 20R7.

lawat meN- travel around 8.18.

layan -i serve 20.11. **pe-** waiter, waitress 15R3.

layar perahu ~ sailboat 20R7. **ber-** sail 20R2.

lèbar wide 21.39.

lebih 1 more 10.14. 2 more than 8.37.

lèdèk *see* NGELÈDÈK.

lèding plumbing. **air** ~ running water 15.24.

lekas fast 21R17. **-²** do something quickly 15R5.

lekat meN- stick, cling 24R7.

lelaki *see* LAKI.

lèlèh -kan drip something on to something 24R4.

lemari wardrobe, cabinet 8.28.

lembu cow 22R15.

lemper snack made from meat and sticky rice 3.23.

lengkap complete 16.22.
lepas 1 free, loose. 2 after doing something 22R4. **sebulan ~ sebulan datang** the day was approaching 23R7.
lepau foodstall. **orang, tukang ~** person who serves in a foodstall 22R11.
lèpèk saucer 21.13.
lèsèt *see MELÈSÈT.*
letak location, place 23R1. **ter-** located, placed 22R30.
letih tired, exhausted 18R5.
lèwat 1 go past 9.34. 2 (so–and–so much) past the hour 8.8. **-i** go past 12.7.
lezat delicious 17R5.
lhó 1 *initial: particle expressing surprise at finding out that something is different from what speaker thought* 18.28. 2 *final: particle giving a reminder* 23.10. 2a *particle giving a mild warning* 20.40.
Li *a family name* 16.2.
liar berke-an *see KELIAR.*
libur -an vacation 8.24.
licin slippery 12.2.
lihat see 8.24. **ke-an** 1 be visible 11.9. 2 seem 17R2.
lilin wax 24R3.
lima five 4.32.
Limbayung *name of a village* 23R1.
lincah lively 24.17.
lindung protect. **peN-** protector 24R4.
lintas lalu ~ traffic 20R1.
lipat fold 21.42.
lipet = LIPAT.
LIPI /lipi/ *abbreviation for* **Lembaga Ilmu Pengetahuan Indonesia**: the Indonesian Academy of Sciences 16.26.
listrik electricity 15.19.
loba greedy 17R16.
lokèt ticket window 22.27.
lombok chili pepper 11.29.
lompat leap, jump 15R5.
lontong cooked rice wrapped in a banana leaf 21.23.

luang ter- free, spare (time) 23R2.
luar outside. **~ negeri** abroad 8.32. **ke ~** (go) out of 8.38. **ke- duit** spend money *(colloquial)* 22.5. **ke-kan** put, take something out 22R23.
luas wide. **per-an** expansion, extension 20R3.
Lubis, Mochtar *name of a contemporary Indonesian author* 10.28.
lucu funny. **-nya** the funny thing is 17R2.
luka wound 18R3.
lukis paint (art) 24R3. **seni~** the art of painting 24R3.
lulus pass exams 23.43.
lumayan okay, good enough 9.26.
lumpur mud 20.42.
luncur meN- slide down, glide away 23R19.
lupa forget 17.6.
luruh se- all, whole 15R2.

M

maaf excuse me, I'm sorry 1.13.
macam kind 23R21. **-2** various kinds 11.31. **ber-2** consisting of various kinds 14R1. **se-** a type of 14.32.
Madagaskar Madagascar 20R3.
Madiun *a city in East Java.*
Madura *an island off East Java* 24R8.
magrib sembahyang ~ evening prayers 22R4.
maha great, high. **~ pengasih** *see KASIH.*
mahal expensive 4.35. **ke-an** too expensive 21.28.
mahasiswa college student 8.21.
mahkamah court of justice 17R12.
Mahmud *man's name* 2.6.
main play. **bukan ~** very much, to a great extent 14R7. **~ cabut** pull out carelessly, needlessly 21R3. **~ potong** cut, amputate carelessly, needlessly 21R3. **~ suntik** inject carelessly, needlessly 21R3. **-2** 1 play around. 2 drop in to visit

17.46. **ber-²** play around 11.3.
pe- player 14R3. **per-² kan** play
around with someone, make a
fool of someone 22R13. **-kan** play
something. **-kan peranan** play a
role 20R3.

majalah magazine 9.8.

Majapahit *name of a Javanese
empire* 20R3.

majikan boss 22.15.

maju *see AJU.*

maka *particle preceding a clause
which follows a subordinate
clause* 1 *following a temporal
clause* 14R7. 2 *following a
conditional clause* 16R3. 3
*following a clause which gives a
reason:* therefore 17R12. **-nya** =
MAKA (3).

makam -kan bury 16R7.

makan 1 eat 3.23. 2 meal 20.39. **~
malam** dinner 17.23. **~ waktu**
take time 18.9. **mèja ~** dining
table 21.50. **rumah ~** restaurant
22.17. **-an** food 9.36.

makin increasingly, all the more
14R7.

maklum 1 understand why things
are as they are 24.41. 2 *particle
explaining why so–and–so is the
case:* you know... 17.40.

makmur prosperous 23R1. **ke-an**
prosperity 20R12.

maksud meaning, intention 5.12.
-nya the meaning 5.12. **ber-**
intend to 18.11.

malah in fact, contrary to what one
might expect 17.6. **-an** in fact,
contrary to what one might think
16.22.

malam 1 night 1.24. 2 late (at night)
8.6. **nanti, sebentar ~** tonight
5.18. **tadi ~** last night 6.1. pada **~
harinya** that night 15R8. **ke-an** do
something until late at night 23.3.

Malang *a city in East Java* 22.42.

malas be lazy, don't feel like doing
9.6.

malem = MALAM *(colloquial)*
24.3.

Malim *a man's name* 23R2.

Malin *a man's name* 21R1.

Malioboro *name of the main street
in Yogyakarta* 6.7.

malu shy, embarrassed, ashamed
15R7. **pe-** shy person 24.7.

Maluku The Moluccas 9.24.

mampir drop in some place 5.18.

mampu afford, can 15R2.

mampus die, dead *(coarse)* 21R27.

mana 1 where? 1.10. 2 **(noun) ~**
which (noun), what kind of
(noun) 2.8. **yang ~** which one?
8.29. **-²** anywhere at all 9.5. **~
bisa, ~ bolèh** how is it possible,
how could I do that?14.22.

mancur air ~ fountain 22.32. *(see
also PANCUR).*

mandi bath, bathe. **kamar ~**
bathroom 3.33. **-kan** bathe
someone 23.4.

mangkok bowl or plate from which
rice is eaten. **kué ~** type of
cupcake 4.22.

manis 1 sweet 22.22. 2 cute, nice
23.3.

manja spoiled 23.5.

manusia human being, mankind
23R3.

map portfolio 18.29.

marah angry 17R9.

mari 1 come on, let's (do) 4.10. 2
please (inviting) 1.4. 2a all right
4.40. 3 good bye 1.24.

mas *title or term of address for
young man (Javanese)* 2.10.

masa I /masaq/ I don't believe it!
don't tell me that! 11.7.

masa II time, era 20R9.

masak cook 11.13.

masih 1 still 4.5. 2 **~ (name of
relation)** be related to as (uncle,
cousin, etc.) 12.3.

masing² respectively, each (do)
15R8.

masuk enter, go, come in 1.2. **kasi
~** put into 23.5. **-i** enter a place
15R6. **-kan** put something into a
place 21R22.

masyarakat society 22.41.

masyur famous 22R4.

mata I eye 20R8. **-hari** sun 15R6.
kaca ~ eyeglasses 24.20.
mata II ~ **pisau** blade of a knife
18R3.
mata III **se-²** purely, nothing other
than 24R9.
mati die, dead 14R8. **hukum** ~ give
the death sentence 14R8.
Matumona *a man's name* 16.6.
mau 1 want to 3.33. 2 will (future
marker) 1.20. **baik** ... **-pun**...
both... and... 20R1.
mbak *title or address for adolescent
or young adult women* 5.4.
megah fame, glory. **dunia** ~ the
busy world outside 23R1.
Mèi month of May 10.33.
mèja table 10.23. ~ **tulis** desk 9.28.
melarat 1 suffer from pain 21R3. 2
be extremely impoverished 22.5.
Melayu Malay 20R3.
melèsèt slip downwards 21R1.
mèmang 1 yes, that's the case 10.2.
-nya 1 final: actually 15.24. 2
initially: well, actually 24.4.
menang win 20R6.
mendadak *see DADAK.*
mendung cloudy 11.27.
menejer manager 10.6
mengapa why? 1.21.
mengenai *see KENA.*
menit minute 22.30.
mèrah red 15.37. **bawang** ~ onion
21.21. **ke-²** an reddish 22.31.
merdèka free, independent 15R9.
merèka they, their 8.10. ~ **itu** they
(as opposed to others) 15R8.
Merpati 1 dove. 2 *name of an
Indonesian airline* 20.11.
mesti 1 must, have to 14.36. 2 must
be, it is impossible that it's not the
case 10.2.
mèwah luxurious 15R2.
mineral mineral 20R10.
minggu week 21.47. **hari** ~ Sunday
10.15.
minta ask for 9.47. ~ **diri** ask
permission to leave 17.17.
minum drink 1.4. **-an** drinks
15R6.
minyak oil 20R10.

misal **-nya** for example 15R1.
miskin poor 17R1.
móbil automobile 22.13.
Mochtar Lubis *name of a
contemporary Indonesian author*
10.28.
moga **se-** hopefully, I hope... 24.14.
mohon request. **per-an** request
16.24.
motor 1 automobile 22R3. 2
motocycle. **-mu** *see ENGKAU.*
muara estuary, mouth of a river
20R10.
muat 1 contain 15R6. 2 load.
muda young. **biru** ~ light blue
22.8. **isteri** ~ second wife 14R6.
tua ~ young and old 24.16.
mudah easy, simple 16.24. **-kan**
make easy 24R4. **-²** an hopefully
23R4.
mujarab efficacious 21R1.
muka 1 face 18R3. 2 front 22.27.
minggu ~ next week 24.44.
ke-kan 1 bring forward 17R9. 2
propose, suggest 20R3.
mula beginning. **asal** ~ origins
24R3. **-i** begin 11.33. **-²** at the
beginning 15R9. **per-an**
beginning 24R7.
mulut mouth 18R2. **ber-** have a
mouth 24R4.
mungkin maybe, perhaps 16.32.
se-(adjective) ~ as (adjective)
as possible 20.4. **ke-an** possibility
20R12. **berke-an** be a great
possibility 20R10. **murah** cheap,
inexpensive 4.36. **-an** cheaper
20.23.
murid pupil 23.19.
Mus *man's name (short for
MUSTAFA)* 4.1.
musafir traveller, pilgrim 20R2
musim season 11.27.
Mustafa *man's name* 2.1.
mustajab efficacious 21R1.
musuh enemy 22R24.
mutiara pearl 20R11.
mutu quality 22.5.

N

na *see NAH.*

nah *particle preceding a question or statement that draws something to its conclusion:* now, well 12.15.

naik 1 ride a vehicle 12.23. 2 get on 18R2. 3 rise 12.52. **-i** get on, get up into 15R10.

nak *term of address to a person young enough to be one's son or daughter (short for ANAK)* 11.14.

nakal naughty 23.32.

nama name 2.6. **ber-** have a name 14R7.

nanas pineapple 21.26.

nanti 1 later, in the future (not long from now) 5.18. 2 it might happen that... (so watch out!) 17.38. ~ **malam** tonight 5.18.

nasi cooked rice 11.13.

nasihat advice 23.43.

nasiónal national 24R9.

ndak no *(short for TIDAK)* 4.36.

negara state, country 20R12.

negeri state, country, nation 8.32. **luar ~** overseas 8.32. **pegawai ~** civil servant 8.32.

nganga be agape, open mouthed **-kan** open up 21R13. **se-² nya** as wide as possible 21R20. **ter-** face open mouthed 21R22.

ngelèdèk make fun of 23.36.

nggak no, not (=TIDAK) 20.16.

ni = INI 22.27.

Niaga Jalan ~ *name of a street* 14.39.

niat desire **ter-** be desired 22R4.

nih = INI 14.36.

nikah be, get married 14R4.

nikmat delicious, pleasant **-i** enjoy something 17R5.

nilon nylon 21.42.

nomor number 10.18.

Non *short for NONA* 20.50.

nonik *reference or term of address for a girl of high status* 21.36.

Nóvèmber November 22.35.

numpang *see TUMPANG.*

Nusa island. ~ **Dua** *name of a company* 20.7.

Nusantara The Indonesian Archipelago 20R1.

nyah *short for NYONYA* 21.2.

nyai *title formerly given to the concubine of a foreigner* 14R2.

nyala be alight, aflame. **-kan** light, turn on 15R3.

nyata obvious **ter-** it turned out to be the case that 2.11.

nyenyak be sound asleep 15R4.

nyonya *title or term of address for a married woman* 10.24.

O

ó Oh! 1.4.

obat 1 medicine 18R3. 2 (= **-i**) treat medically 21R6. **-i** treat medically, cure 21R6.

obrol N- chat 22.7.

Oktober October 11.33.

olah ~ raga sports. **ber- raga** engage in sports 22.3. **se-²** as if 16R4.

olèh I by 14R5. ~ **karena itu** for that reason 23R2.

olèh II **-²** gift given as souvenir 11.15. **ber-** obtain 22R3.

óm 1 uncle 23.2. 2 *term of address or title for a man older than the speaker and not of the Javanese ethnic group* 2.6.

omèl meN- grumble 21R1.

omong speak, talk 23.48. **N-** engage in a conversation 24.31. **-²** 1 chat 11.3. 2 by the way, please tell me 22.4.

On *short for ONI.*

ongkos cost 6.9.

Oni *a woman's name* 24.32.

orang 1 person 2.8. 2 one, a person in general 17.40. **kata, bual ~** what people say 22R2. ~ **banyak** the public 14R8. **se-, dua, dll.** one, two, etc. (people) 8.30. **se- diri** all alone 23R6. **-nya** the way a person is 24.6. **sese-** someone 24.7.

otak brains 23.39.

P

pacar boy-, girlfriend 24.10.

pada 1 at, to (a person or institution) 8.32. **1a** at (a place) 21R18. **2** at (a time) 17R7. ~ **waktunya** on time 16.33. **dari-** 1 (= DARI) from, of 24R10. **khali dari-** fail to (do) 23R4. **2** (=KE-) 1 to (a person) 2 (=KE-) to (a thing) 23R30.

padi rice (with husk on it) 11.34.

pagi morning 4.1. **-²** when it is morning 11.27.

paham understand. **salah ~** misunderstanding (Chapter 22, Title).

pahit bitter 14.32.

pajak taxes 16R3.

pak *short for BAPAK* 1.3.

pakai 1 use 10.33. 2 wear 21.41. **-an** clothes 18R2.

pakat se- agree. **kata se-** agreement 24R4.

paksa compel, force 23R11. **ter-** forced 22.35.

paling ~ (adjective) most (adjective) 8.29.

paman uncle (usually parent's younger brother) 12.17.

Pamona the Bare'e-speaking population of Poso, Central Celebes 16.19.

panas hot 11.32.

pancur -an shower 15R5.

pandang look at, gaze at 20R8. **peN-an** view 12.7. **-an** viewpoint 22.7.

panèn harvest 22.42.

panggil call 15R12. **-an** a call 23R2.

panjang long 15R7. **kacang ~** string beans 21.20. **kain ~** sarong 24R9. **~ umur** may you have a long life 24.14. **per-** extend 18.3. **per-an** extension 18.18. **se-** throughout the length of. **se-cerita** whatever one has heard tell 22R4.

pantai beach, coast 22.15.

pantas befitting one's station in life 15.6.

pantat arse, behind 18R3.

papan board, plank 15R6.

para *plural marker preceding a word referring to people in a certain capacity* 24R1.

parah serious (wound or illness) 18R6.

parkir to park. **tempat ~** place to park 22.13.

partikelir private 8.24.

parut grate 22R30. **-an** grater 22R30.

pas I exact, exactly 14.22. **harga ~** fixed price 14.8. **uang ~** exact change 18.25.

pas II **~ fóto** passport photo 18.18.

pasang install, put in 17.30.

pasar market 4.7.

pasfóto passport photograph 18.17.

paspor passport 18.18.

pasta paste. **~ gigi** tooth paste 23.6.

pasti certain, certainly 12.8. **secara ~** for certain 16.17. **ke-an** confirmation, statement that something is certain 15.42.

Pasuruan *a city in East Java* 21.28.

patut fitting 24.30.

pauk lauk ~ side dishes eaten with rice 22R4.

payah difficult, troubling. **ber-²** go to the trouble, bother 23R8.

pedas hot, spicy 22.23. **ke-an** too hot, spicy 22.22.

pedih smarting 23.34.

peduli to care. **-kan** bother about something, pay attention to 24.40.

pegang hold 17.35. **-kan** hold for someone 17.34.

pegawai official. **~ negeri** civil servant 8.32.

Pekalongan *a city in Central Java* 24R8.

pekik meN- yell, scream 23R14.

pèl mop 21.9.

pelan slow. **-²** slowly 23.9.

pematang bund, embankment between rice fields 12.12.

penatu tukang ~ laundryman, -woman 21.45. **-kan** have something laundered 21.35.

pencil ter- be isolated 22R2.

pèndèk short 10.23. ~ **kata** in brief, in short 24.11. **-nya** in brief 20R12.

pengalaman experience 15R1.

pengaruh influence 10R3.

peniti safety pin 21R21.

penjuru corner 20R4.

pènsil pencil 3.30.

pènsiun retired 21R2.

penting important 20.2.

penuh full 16.10. **-i** fill something up 15R9.

pepaya papaya 21.26.

per per, by. **satu -satu** one by one 17R14.

perabot furniture, household item 9.26.

perahu boat 20R7.

pèrak silver 17R3.

peran -an role 20R3.

perang war 8.22.

perangkó postage stamp 10.37.

percaya believe 24.42. **ke-an** belief 24R7.

perempuan female 5.18.

pergi 1 go 4.10. 2 leave 1.22.

perintah order 21R17. **peN-** government 8.32. **-kan** order someone to do something 17R15. **peN-an** administration 14R1.

perkakas tools, equipment, instruments 21R11.

perlu 1 need 9.41. 2 necessary 21R23. 3 necessity 15.2. **ke-an** necessity 18.2.

permadani carpet, rug 15R2.

permisi 1 permission (to leave); may I go? 1.20. 2 excuse me (may I bother you) 15.1.

pernah ever, (so–and–so) ever occurred at some point 8.24.

persis exactly, precisely 16.18.

pertama first 15R1.

perut stomach 23R11.

persegi see SEGI.

pesan order 15R2. **-an** order placed 20.4.

pesawat 1 instrument, machine 2 (= ~ TERBANG) airplane 12.24.

pèsta party 6.2.

petang afternoon 23R7.

Petójó *name of a district in Jakarta.* **ès** ~ block ice 15R6.

pianó piano 24.19.

pijit massage 21R19.

pikir 1 think 15R2. 2 think of, have in one's mind 23.42. **ber-** think 15.39. **-²** think about something a while 21.17. **-an** thought 17R4. **-kan** think something over 12.35.

pilih choose 24R9. **ter-** chosen 24R5.

pindah move 9.19.

pinggir edge 11.29. **meN-** move to the edge, side 20.42.

pinjam borrow 17.3.

pinta request 23R18 *(see MINTA).*

pintar 1 smart. 2 do something well 5.11.

pinter = PINTAR 18R3.

pintu door 15.33. ~ **masuk** entrance 15R6.

pipi cheek 21R5.

piring dish, plate 17R12.

pisah separate. **peN-** thing which divides 20R1.

pisang banana 11.10.

pisau knife. ~ **cukur** razor 18R1.

piyama pajamas 23.5.

Poerwardarminta *name of the compiler of an Indonesian dictionary* 10.3.

pohon I tree 11.8.

pohon II **-kan** ask for 23R6. *(see MOHON).*

pokok main point, basic thing. **-nya** the main point is 15.40.

pola pattern, design 24R1.

polisi the police, a policeman 14R7.

politik politics, political 22.7.

pondok hut 17R1.

Portugis Portugal, Portuguese 20R5.

pos kantor ~ post office 10.43. **kartu** ~ postcard 10.42.

Poso *a town in Central Celebes* 16.19.

potong cut 21.41. **main** ~ cut carelessly, needlessly 21R3.

P.R. /pèy èr/ *abbreviation for* ***pekerjaan rumah****:* homework 23.40.

pria male, masculine (polite form) 24R1.

pribadi individual, personal 18.17.

Priyo *a boy's name* 23.1.

progrèsif progressive 22.7.

P.T. *abbreviation for* ***Persèroan Terbatas****:* Inc., Ltd. 20.8.

puas satisfied 15R13.

puasa to fast. **Bang ~** *a man's name* 14R7.

puji praise 23R9.

pukul hit **kena ~** get struck 23.32 **~ (number)** o'clock 5.2.

pula also, too 14R1. 2 again 21R1. **(interrogative) ~** where, how, when, etc. in the world 24.32. **demikian ~** in the same way 20R6. **tersebut ~** they also tell about 23R11.

pulang go, come home 1.20. **bawa (noun) ~** bring, take (noun) home 24R1.

pulau island 20R1. **ke-an** archipelago 20R1.

pulpèn fountain pen 24R4.

puluh dua, tiga dll. ~ twenty, thirty, etc. 4.24.

pun 1 even, also 3.31. **atau-** or alternatively 24R1. **(adjective) tidak ~** not even (adjective) 23R9. **bagaimana- (juga)** no matter how it may be 20R7. **baik... mau-** not only but also 20R1. **biar-** even though 17R7. **meski-, walau-** although 21R18. 2 *following the subject in a sentence which continues a thought:* so, accordingly 16.19.

puncak top, peak 20R3.

punya 1 have, own 3.28. 2 belong to 3.28. **ke-an** possession, property 17R1.

pupus wiped out **peN-** one who wipes out 23R3.

pura-² pretend 21R18.

pusat 1 navel. 2 center 14R1.

pustaka per-an library 16.21.

putar turn, rotate 15R5. **ber-²** keep turning oneself 18R5.

putih white 20R8. **bawang ~** garlic 21.19.

putus -kan decide something 16.19. **ke-an** decision 16.27. **-an** decision 17R13.

R

raba feel with the hands, grope for 21R27.

racun 1 poison. 2 (=1) to poison 22R30.

radang inflamed, excited 22R15.

raga body. **olah ~** sports, exercise 22.3. **per-kan** show off 22R21.

ragam kind. **se-** be of one kind 18.33.

rahang jaw 21R19.

rahmat mercy 23R9.

raja king. **ke-an** kingdom, empire 20R3.

rakyat people 16R3. **~ kecil** common people 16R3.

ramai 1 busy, crowded 11.3. 2 fun 24.11.

rambut hair 18R2.

rangka framework, skeleton. **dalam ~** as part of, in connection with 24.8.

rangkap ~ satu, dua, dll. in one, two. etc. copies 18.22.

rapat meeting 22.3.

rapi(h) neat, tidy 23.46. **ke-an** neatness, order 23R9.

rasa 1 feel, think 4.35. 2 taste 14.16 **di-** be felt 24R9. **meN-** feel a certain way 15R4. **ter-** be felt 15R6.

rata 1 flat 2 even **-²** on the average 23.19.

ratus hundred. **se- dua, dll.** one, two. etc. hundred. **se-an** with the value of one hundred 18.26. **ber-²** hundreds 20R1.

rawat take care of, nurse. **juru ~** nurse 21R20.

raya jalan ~ highway 20R1.

Rebó hari ~ Wednesday 20.13.

rebus boil 15.26.

rèferènsi reference 16.21.

rega price (dialectal for harga) 22R2.

rèktor rector of college or university 16.2.

rempah spice 20R2.

renang ber- swim 23.21.

rencana plan 16.7.

rendah low. **meN-kan diri** be modest, humble 23R2.

rendam -kan immerse in water 15R11.

rèpot trouble, bother 11.21. **-²** go to the trouble of doing something 10.43. **-kan** be a bother 17.32.

rèpublik republic 14R1.

resmi official, formal 16.14.

rèstoran restaurant 1.16.

ribu thousand **se-, dua, dll.** one, two, etc. thousand. **ber-²** thousands 20R1.

Rin *woman's name (short for RINI)* 24.42.

ringan light in weight 17.35.

ringgit silver coin worth two and a half rupiahs 17R3. **-an** having the value of a ringgit 17R14.

ringkas brief, concise 24R2.

Rini *a woman's name* 24.5.

riset research 16.7.

roda wheel 22.11.

rok skirt, dress 21.29.

Rokhaya *a woman's name* 17.16.

rokok cigarette 5.23.

ronggèng *a traditional type of folk theater* 14R3.

ruang room 18.15. **-an** large room 17R13.

rubah change something. **ber-** change, become different 20R6.

rugi loss, disadvantage. **ke-an** loss 17R6.

rukun in harmony with one's fellows 23R1.

rumah house 1.24 ~ **makan** restaurant 22.17. ~ **sakit** hospital 21R5. ~ **tangga** household (Chapter 21, Title).

rupa appearance. **seni** ~ fine arts 24R3. **ber-** have the shape of, be in the form of 24R4. **meN-kan** to

constitute, form 17R6. **-nya** it seems, apparently 9.9.

rupiah rupiah, Indonesian unit of currency 6.15.

rusak damaged, destroyed 10.33.

S

saat moment, time, 18R2.

sabar 1 patient 20.46. 2 **Malin** ~ *a man's name* 21R1.

Sabtu Saturday 20.13.

sabun soap 18R2. **air** ~ soap suds 18R3. **-i** apply soap to something 23.9.

sadar conscious, be aware of 18R5.

sadó a type of horse-drawn cart 14R5.

sahut answer, reply 21.3.

saja 1 just do (verb), it's a small thing to do 4.7. 2 just do, make it be nothing better than (as a second choice) 5.20. 3 just exactly 14.31. 4 do (verb) despite all the reasons there are for not doing it 17.11. 5 nevertheless 17R7. **ada²** ~ put on, make a fuss 23.33. **apa** ~ 1 what all 9.27. 2 anything at all 12.22. **asal** ~ 1 just so that. 2 be done just to get it done without caring how or what 23.46. **baik²** ~ everything is fine 1.7. **baru** ~ just recently 8.32. **bisa** ~ 1 certainly it's possible 17.31. 2 be quite **capable** of (lying) 24.43. **bolèh** ~ certainly it's all right 20.44. **hampir** ~ very nearly 15R4. **kapan** ~ any time at all 15.36. **maaf** ~ sorry (a not very deep apology) 15.10. **mudah** ~ very easy 17R12. **sama** ~ just exactly the same 15R10. **seperti, kaya** ~ precisely like, as if 23.5. **siapa** ~ who all 17.19. **tentu** ~ of course 1.9. **terus** ~ go straight ahead 4.15. **tidak, bukan... ~ tetapi** not only... but ... 20R10.

saking on account of 15R5.

sakit 1 ill. 2 pain, ache 21R1. ~ **gigi** have a toothache 21R1. **rumah** ~

hospital 21R5. **ke-an** suffer pain
15R5. **peN-** illness, disease 21R4.

saku pocket 23.32.

salah I mistake, mistaken 23.35. 2
~ (verb) do (verb) the wrong way
21R3.

salah II *followed by a word for one
(satu, seorang, etc.)* one of the
22.35.

salam greetings, regards
sampaikan ~ **kepada**... give my
regards to 24.34.

salin ber- give birth 23R12.

saling ~ (verb) (do) to each other
15R8.

sama 1 the same, same 14.32. ~ **saja**
exactly the same 15R14. 2 (=
DENGAN) with, along with 14.30.
2a and 21.21. 3 (= PADA) *precedes
the object of an intransitive verb*
15.30. **tidak** ~ **sekali** not at all
16R6. **-²** 1 do something together
14.13. 2 *answer to "terima kasih"*
"thank you": you're welcome
14.26. **ber-** together with 14R4. 2
together 17R2. **ber-²** (= **-²**) do
together 15R13.

sambal sauce made with hot
peppers 22.22.

sambil do (verb) at the same time
as doing something else 9.36.

Samin *a man's name* 14R5.

sampah trash, garbage 17R1.

sampai 1 arrive 8.5. 2 until 1.24. 2a
as far as 20R3. 3 so much so that...
9.9. **-nya** arrival 8.6. **se-** upon
arriving 15R2. **-kan** extend,
convey 24.34.

samping di ~ 1 side, at the side. 2
besides 20R6.

sana 1 there 3.9. 2 *in a command:* go
there and do... 21.28.

sangat very, to a great degree 16R3.

sangka suppose, think 23R12. **tidak
-²** thought, supposed 22R10.

sangkal deny 24R7.

sangkut get hooked on to **ber-an** be
connected with 16.24.

sapu 1 broom. 2 sweep 21.6.

sari essence. **inti** ~ essence 17R10.

sarjana scholar 24R3.

sarung a sarong, a man's skirt
made by sewing together the ends
of a piece of cloth. ~ **bantal**
pillowcase 21.47.

satu one 4.28. **yang** ~ one (of two)
4.28. ~ **per** ~ one by one 17R14.

saudagar merchant 17R1.

saudara 1 brother, sister, or cousin
of the same generation 8.40. 2
*term of address used with a
stranger in formal cicumstances*
2.3.

saudari *feminine form of
SAUDARA* 24.1.

sawah wet rice field 10.3.

saya I, me, my 1.8.

sayang 1 love 2 it's a pity, it's too bad
22.35. **kasih** ~ love 17R2.

sayat slice. **ter-** get sliced 18R3.

sayur vegetable. ~ **asam** a sort
vegetable soup 21.20.

sebab 1 because, because of 14R7. 2
reason 24.27. **-kan** cause 23R1.

sebar meN- spread out 20R4.

sebentar *see BENTAR.*

seberang place across the street,
river. **N-, meN-** to cross 20.44.

sebut mention 20R5. **-an** word,
term 24R3. **ter-** 1 have been
mentioned, above-mentioned
14R5. 2 once upon a time (*lit.* was
told about) 23R2.

sedang 1 be in the process of (do)ing
2.13. 2 while 22R4. **-kan** whereas
20R11.

sedap delicious, pleasing to the
senses 20R8.

sederhana plain, simple 11.18.

sedia ready 15R6. **ber-** be willing
16.23. **ter-** be ready 15R6. **-kan**
prepare something 15R9.

sedih sad 14R5.

sedikit *see DIKIT.*

segala *see GALA.*

segan feeling of inhibition toward
someone of higher status. **-i**
respect, feel *segan* towards 23R2.

segar fresh 11.2.

segera immediately 15R2.

segi side, edge. **empat per-** square
15R10.

sèhat healthy 17R2.

sejahtera peaceful, presoperous. **ke-an** peace and prosperity 10R12.

sejak since 15R3.

sejarah history 20R3.

sekali *see KALI.*

sekaligus all at once 15.10.

sekarang now 1.6. ~ **ini** right now 15.36.

sekolah school 8.24.

sèkretaris secretary 17.16.

selalu *see LALU.*

selamat safe, with nothing gone wrong 1.1.

selat strait 20R11. **-an** South 20R7.

selèra one's taste (as in fashion) 24R1.

selesai be finished, completed 18.8. **-kan** finish, resolve 17R2.

selidik -i investigate something 16.19.

seluruh *see LURUH.*

sembahyang pray, prayer 24R4. ~ **isya, magrib** evening prayers 23R4.

sembilan nine 4.3.

sembuh recover, heal 18R6.

sembunyi -kan hide something 23R11.

semir apply polish 21.41.

sempat have time, opportunity 23.28.

semua all 8.31. **-nya** all of them 10.30.

senang like, enjoy 3.10. **ber-²** enjoy oneself, have a good time 15R8.

senantiasa always, continuously 22R2.

sendiri 1 (my, your, etc.) -self 12.37. 2 alone 15R11. **salahnya** ~ it's his own fault 23.35. **-kan** put something away from other things 21.13.

sèndok spoon 21.13. **meN-** spoon out 24R4.

seneng = SENANG.

sengkèta quarrel, dispute 22R18.

seni art 24R3. **ke-an** arts 24R7.

sentak meN- pull with a jerk. **meN- tumbuk** pull the fist back

with a jerk in preparation for punching someone 22R16. **ter-** do something with a start 23R14.

sepatu shoe 18R2.

sepèda bicycle 23.27.

sepi quiet, still, deserted 20.37.

seprèi bedsheet 15R2.

serah -kan turn something over to someone, hand in 18.15.

serbèt napkin 21.13.

serbuk powder, dust 22R30.

sèrèt drag, pull 22R2.

sering often 8.10. **-kali** often 24R10.

serta 1 with. 2 and 20R2. **be- together with** 20R10.

seru call, cry out. **-kan** call out something 23R20.

sesak crowded. **penuh** ~ very crowded 17R13.

sesal meN- regret 21R10.

setasiun station 1.15.

seterika iron (clothes) 21.30.

setróp drink made from syrup and water 3.21.

setuju *see TUJU.*

sèwa rent 9.14.

si 1 *particle before a name or title denoting familiarity* 12.16. 2. *particle before a name or title referring to a person in a particular capacity:* the particular, the aforementioned 14R5.

sia -² kan neglect, allow to go to waste 14R5.

siang daytime between late morning and early afternoon 2.1. **masih** ~ it's still daylight 15.30. **ke-an** be too late (in the morning) 18.8.

siap ready 4.3. **ber²** prepare oneself 18R2. **per-an** preparation 24R4.

siapa who? 2.3.

sibuk busy 6.3.

sifat nature, characteristics. **ber-** have a certain characteristic 23.39.

sih 1 *particle with an interrogative which takes the bite out of the* *question* 11.7. 2 *particle with a topic:* as for... 20.40. 3 *particle with explanation:* really you know 23.6.

sikat brush 23.6.

sila ber- sit at ease with knees apart and legs crossed) 17R14. **-kan** *see* SILAKAN.

silakan please (inviting) 1.2.

silat traditional style of self-defense 14R7.

simpan store, save 10.6.

simpuh ber- sit on the floor with the legs together and bent back beside the body 17R14.

Singapura Singapore 22R3.

singgah stop in 20R5.

sini here 2.16.

Sinyó *respectful term of address for a young man not of local ethnic group* 21.33.

sisa leftovers, remains 17R10.

sisir comb 18R2.

sistèm 20R6.

siswa student. **bèa-** scholarship 24.43. **maha-** college student 8.21.

Sita *a woman's name* 24.22.

Siti *a woman's name* 21.1.

situ 1 there 2.20. 2 you *(colloquial and familiar)* 20.41.

Slamet *a man's name* 21.1.

soal problem 16.30. **menjadi ~** be a problem 16.30. **-nya** the thing is... 20.4. **per-an** problems 18.13.

sobèk 1 be torn 21.36. 2 a tear 21.39.

sóda larutan ~ soda solution 24R4.

sófa sofa 16.14.

sok pretend to be better than one is 18R3.

Solèha *a woman's name* 17.4.

sombong put on airs 24.29.

sorè evening 1.1.

sótó bean-thread soup 22.19.

Spanyol Spain, Spanish 20R5.

sponsor sponsor 16.19.

Sriwijaya *name of an ancient kingdom (at Palembang)* 20R3.

staf staff 22.3.

sterup = SETRÓP.

suami husband 5.18.

suap put a handful into the mouth 22R26.

suara voice 21R14.

suatu a certain, unnamed one 15R1. **se-** something, a certain thing 24.14. **segala se-** each and every thing 15R2.

subur fertile 22.42.

sudah 1 so–and–so has happened by now, or by a certain point in time. 3.18. 1a be in a certain class, no longer considered as something else 4.36. 2 all right, I agree 11.22. 3 no never mind 10.29. **se-** after 7.23.

suguh -kan place something before someone 22R27.

suka 1 fond of, like 17.12. 2 *followed by verb:* often (verb) 16R3. **se-(noun)** as (noun) likes 16.15.

sukar difficult 15R11. **-²** go to difficulties 22.11.

suku ethnic group, tribe 20R7. **~ bangsa** ethnic group 14R1.

sulam embroider 15R2.

Sulawèsi Sulawesi, Celebes 16.7.

sulit difficult 10.8. **ke-an** difficulty 16.24.

Sultèng *abbreviation for* **Sulawèsi Tengah** Central Sulawesi 16.16.

sulung eldest sibling in a family 17.27.

Sumatera Sumatra 20R2.

sumber source 24R3. **~ hayati** vegetable or animal resources 20R10. **~ mineral** mineral resources 20R10.

Sumitro *man's name* 10.20.

sumpah oath, curse. **-²** keep swearing 23R21.

sumur well 15.24.

sungai river 20R10.

sungguh true, earnest 23.37. **se-nya** in fact, actually 24R7.

sungut ber-² grumble 23R23.

suntik inject **main ~** inject needlessly 21R3.

supaya so that 10.33.

Surabaya *city in East Java* 8.5.

Surakarta *city in Central Java
(=SOLO)* 24R8.

surat letter 10.41. **~ keterangan**
letter of introduction or
explanation 18.17.

suruh tell someone to do something
10.30. **-kan** give a particular order
16R5.

susah difficult 12.12.

susu milk 22R21.

susul follow, come later and catch
up with 20R4.

susur edge, fringe. **-i** go along the
edge of 22.15.

swèmpak swimming suit 23.21.

syarat per-an requirements,
required documents 18.22.

syukur Thanks be to God! 23R20.

T

tabik *term of greeting from an
inferior to a superior* 21R6.

tabur ber-an scattered 22R3.

tadi a short while ago 3.27. **~
malam** last night 6.1.

tafakur meditate 23R2.

tahu /tau/ 1 know 9.16. 2 I don't
know 24.48. **~ diri** know one's
proper place 24.30. **beri-** inform
14R7. **ke-i** know about, know
something 14R8. **se- saya** to the
best of my knowledge 20.15.

tahu /tahu/ soybean cake 21.21.

tahun year 5.12. **(hari) ulang ~**
birthday 24.9. **~ depan** next year
12.32. **~ yang lalu** last year 8.28.
ber-² for years 17.6.

tajam sharp 18R2.

tak = TIDAK 15R5.

takjub amazed, astonished 22R3.

takut afraid 14R7. **-i** to fear
someone or something 16R2.
ke-an be very much afraid 21R10.

taman garden, park **~Tirta** *name
of a public swimming pool* 23.33.

tambah add to 9.28. **-an** addition
made **-an lagi** furthermore 17R2.

tambang mine. **hasil ~** mining
products 20R10.

tampak visible 23R10.

tamu guest 12.21. **kamar ~** living
room 17.34. **ber-** visit 15.40.

tanah 1 land 16R3. 2 soil 22.42.
kacang ~ peanut 12.34. **minyak ~**
petroleum 20R10.

tanam to plant 11.29. **-an** a plant
11.28. **-i** to plant (land) with
something 12.14.

tangan hand 21R13. **buatan ~**
handmade 24R10. **~ dingin** be
skillful at making something
with the hand, "have a green
thumb" 24R10.

tangga steps, ladder 17.30. **te-**
neighbor 15.39. **berte-** be
neighbors 17.30.

tanggal date 24.10.

Tanggerang *a city in West Java*
14R4.

tanggung 1 guarantee. 2 be
responsible for. **~ jawab**
responsible, have responsibility
23.42. **-an** care, responsibility
17R6.

tangkap 1 seize. 21R19. 2 arrest
14R7.

tangkas skillful, adroit 21R22.

tani farmer 22.41. **pe-** farmer
22.42.

tanpa without 14R4.

tanya ask 4.12. **numpang ~** may I
ask 20.49. **ber-** ask 1.8. **-kan** ask
something 20.8. **per-an** question
12.28.

tap *onomatopoetic word for a
tapping sound* 21R19.

tapi but 3.30. **te-** but 14R5.

taplak ~ mèja tablecloth 21.50.

taraf phase 24R7.

tari dance. **seni ~** the art of the
dance 24R7.

tarik pull, **meN-** interesting,
attractive 9.9. **ter-** interested,
attracted 22.41.

tarok = TARUH *(colloquial)* 23.6.

taruh put down, place 10.21.

Tarumanegara *name of an ancient
kingdom* 20R3.

tas bag 22.7.

tata order, arrangement. ~ **bahasa**
grammar. ~ **warna** arrangement
of the colors 24R8.

Tati *a woman's name* 1.1.

tawa ter- laugh 15R12.

tawar bargain the price down 14.8.

tebal thick 10.33.

teduh protected from the elements
21.44. **ber-** take shelter 11.27.

tegun ter- be at a loss for words
22R31.

tèh tea 1.4. **ès** ~ iced tea 21.13.
sèndok ~ teaspoon 21.13.

tekan press, push down on 21R18.

tèknik technique 24R6.

telah *literary for SUDAH* 15R9. **se-**
literary for SESUDAH 15R5.

telanjang naked 15R5.

telinga ear 23.9.

telpon telephone 10.17.

telur egg 23.10.

teman friend 2.11. ~ **sekantor**
office mates 24.9.

tembaga copper 28R4.

tèmbok wall 24.33.

tempat place 10.6. ~ **asal** origin
15R13. ~ **gula** sugar bowl 21.13. ~
mandi place to bathe 15R5. ~
parkir parking place 22.13. ~
tidur bed 9.28. ~ **umum** public
place for entertainment 15R8. **-i**
occupy 15.35.

tèmpè a kind of fermented
soybean cake 21.20.

Tèmpó 1 time. 2 *name of a popular
news magazine* 23.28.

temu ber- meet. 1.24. **-i** meet
someone 16.4. **ke-** = BERTEMU.
17.20.

tenang 1 quiet 11.3. 2 calm 15.4.

tengah middle. ~ **hari** noon 8.6. ~
malam midnight 20.20. **Jawa** ~
Central Java 24R8. **Sulawèsi** ~
Central Celebes 16.7. **se-** a half
4.3. **meN-²** go towards the
middle of something 20.41.

tengkar ber- quarrel 23.32.

tentang about, concerning 17R11.

tentu certain 15R7. ~ **saja** of course
1.9. **-kan** fix on, decide for sure

22.38. **ter-** fixed, determined
24R6.

tepat right, exact 20R1. ~ **di depan**
right in front 18R2. **berke-an**
coincidental, accidental 23R12.

terang clear 11.27. **terus** ~ be frank
22.35. **-kan** explain 22R18. **ke-an**
explanation. **surat ke-an** letter of
introduction 18.17.

terbang fly 12.25.

terbit arise, rise (as for the sun)
21R9.

teriak ber- scream. **ber-²** scream
and scream 15R12.

terik hot, oppressive (of the sun)
15R6.

terima receive 17R6. ~ **kasih**
thank you 1.3.

terminal terminal 20.31.

terlalu *see LALU.*

terus 1 straight through. 2
preceding verb: immediately
15R7. 3 the next thing... 21.21. ~
saja just go straight ahead 4.15. ~
terang frankly 22.35. **-kan**
continue something 15R5.

tès test 24.43.

tetangga (from TANGGA)
neighbor 15.39. **ber-** be neighbors
17.30.

tetap permanent, fixed ~
(adjective) saja keep being (so–
and–so) nevertheless 17R5.
meN- live permanently in a
place 20R2.

tetapi = TAPI 14R5.

tètès drip 24R3. **peN-an** act of
dripping 24R3.

Ti *a woman's name (short for
TITI)* 21.1.

tiada 1 = TIDAK *(literary)* 21R1. 2 =
TIDAK ADA *(literary)* 23R4.

tiap every 10.14. **-²** 1 each and
every 22R2. 2 each and every time
23R4. **se-** every 16.24. **se- kali**
every time 24R5.

tiba arrive 18R3. **-²** suddenly
15R4.

tidak no *(negates non-nominals)*
2.2. ~ **apa-apa** nothing at all, it
doesn't matter 4.38. ~ **usah** don't

have to 9.33. ~ **keruan** in chaos
18R3. ~ **pernah** never 17R6.

tidur sleep. **tempat** ~ bed 9.28. **ter-**
fall asleep 18R5.

tiga three 5.18. **ke-** the three... 17.10.
yang ke- the third 8.30.

tik *see TITIK.*

tikar woven floor mat 4.29.

tikèt airplane ticket 20.8.

tim a kind of soup 23.11.

timbul arise, come into being
24R2.

timun = KETIMUN 21.21.

timur east. **Jawa** ~ East Java
22.41. **Kalimantan** ~ East
Kalimantan 20R3.

tindas oppress 16R3.

tinggal 1 stay, live in 1.10. 2
remain 21.21. ~ **diam** stay still,
not move 20R7. **meN-** to pass
away *(euphemism for "die")* 8.22.
-kan leave a place or person 14R4.
ter- accidently left 16.24.

tirta (holy) water. **Taman** ~ *name
of a public swimming pool* 23.23.

tisik darn 21.40. **-an** something
darned 21.41.

titik dot, period, point, 24R3.

titip give to someone for safe
keeping 17.41.

tj *see C.*

toko store 6.5.

tolong 1 help 10.3. 2 *particle
introducing a request:* please
10.13. **per-an** help, aid 14R7.

tomat tomato 12.31.

tong barrel 22R23.

Toni *a man's name* 23.19.

tonton watch a performance 23.3.

traktir treat someone to something
21.17.

tua old 8.27. **isteri** ~ first wife
14R6. ~ **muda** young and old
24.16. **ke-** head (of a department,
institution, etc.) 16.24.

tuan *respectful term of address or
title for a man:* sir, Mr. 8.4.

tuang pour. **-i** pour something into
22R7.

tugas duty, task 22.41. **-kan** assign
someone to do something 20.2.

Tuhan God 23R9.

tujuh seven 8.8.

tuju head for a place. **se-** be in
agreement 22.40.

tukang one who does a type of work.
~ **jaga gulai** server in a foodstall
22R11. ~ **masak** cook 17R5. ~
penatu washerman or woman
21.45. ~ **sadó** horse-cart driver
14R5.

tulis write 16.7. **mèja** ~ desk 9.28.
batik ~ handpainted batik 24R10.
-an writing 15R6. **ter-** written
24R3.

Tulungagung *name of a town in
East Java* 24R8.

tumbuh grow. **-^{2} an** vegetation,
plants of various kinds 24R4.

tumbuk pound, crush. **menyetak**
~ make a jerking gesture in
preparation to strike with the fist
22R16.

tumpang use something of
someone's as a favor: ride in
someone's vehicle. **meN- tanya**
may I ask a question 15.3. **peN-**
rider, passenger 20.4. **peN-an**
lodging house 22R5.

tunda postpone 17R11.

tunggu wait 1.21.

tunjuk point to 21R11. **per-an** show,
performance 22.30.

tuntut demand 17R10. **peN-** one
who demands, **peN- malu** one
who seeks to restore the family's
honor 23R3.

turis tourist 18.11.

turun 1 go down 2 get off (a vehicle)
6.16.

turut join in, follow along 15R12.
meN- according to, in
accordance with 24R1.

Tuti *a woman's name* 6.2.

tutup 1 closed 6.18. 2 close 15R5.
peN- cover 24R4. **-an** prison
23R11. **-i** cover something over
15R2.

TV /tifi/ TV 23.3.

U

uang money 10.35.
ubah *see RUBAH.*
ubi yam 12.31.
udah = SUDAH *(colloquial)* 14.34.
udang shrimp. **krupuk** ~ shrimp chips 21.27.
udara air, weather 11.2.
udik head of a river, upstream 23R1.
ujan = HUJAN *(colloquial).*
ujar say 22R13.
uji to test. **-an** test 6.4. **maju -an** stand for one's exams 16.32.
ujung end, tip, point 18R3. ~ **Pandang** *a city in South Sulawesi* 16.8.
ukur measure. **-an** size 18.18.
ulang repeat ~ **tahun** birthday 24.9. **-an** examination 23.17.
Umar Kayam *a contemporary author* 9.28.
umum general, public. **kamus** ~ comprehensive dictionary 10.3. **kendaraan** ~ vehicle used for public transporation 20.31.
undang invite 24.9.
ungu purple 21.29.
Unhas (= UNIVERSITAS HASANUDDIN) Hasanuddin University, in Ujung Pandang 16.23.
untuk for 5.19. *preceding a verb: to, in order to* 8.24.
untung 1 profit 17R3. 2 luck, luckily 18R3. **-²an** take one's chances and do something 20.5.
urat, vein, nerve 21R27.
urus take care of, arrange something controlled by other people. **-an** business to attend to 16.3. **-kan** take care of (=URUS) 22R4.
usah tidak ~ don't bother, you don't have to 9.33.
usaha endeavor, effort 14R5. **ber-** be employed in 15R8.
usul propose 22R18.
utama 1 prominent. 2 main, principle. **ter-** especially 16R3.
utara north 22.15.

V

visa visa 18.3.

W

waduh my gosh! 5.19.
wah! my! gosh! 4.24.
waham distrust, suspicion 22R24.
waktu 1 time 15.39. 2 at the time that... 14R7. **makan** ~ take time 18.9. **pada -nya** on time 16.33. **pada** ~ **itu** at that time 20R7. **tahu** ~ pay attention to the time 23.31.
walaikum salam *Arabic for "and unto you, peace": response to the greeting* **assalamu alaikum** *(lit., "peace be unto you")* 17.2.
walau although. **-pun** although 21.18.
wallahu alam God knows 23R12.
wanita girl, woman 24R1.
warna color 15R2. **ber-** having color 20R8. **zat** ~ dye 24R4.
warta -wan reporter 22.5.
warung place to eat or drink in a shack or simple little store 6.23.
watt watt (electricity) 15.21.
wawancara interview. **-i** interview someone 22.34.
wayang traditional puppet theater 24R7.
wèker alarm, alarm clock 24.37.
wilayah region 20R2.
Wulung *name of a street* 20.49.

Y

ya 1 yes 1.19. 2 *tag particle asking if it is all right to ask* 4.12. 3 *that's so isn't it?* 6.13. 4 *tag particle with a request* 1.24. 5 *initial to a sentence:* 5a well yes (but) 11.3. 5b well, okay 11.18. 5c well then (what IS the case) 14.20. ~ **Allah!** My God! 24.25. ~ **sudah** well then, all right 21.18.
yaitu namely, that is to say 18.17.
yang 1 *nominalizing particle:* the one that is, the ones that are 2.12. 2 *particle preceding an adjective or*

a verb which modifies a noun
10.10. ~ **ini** this one (as opposed to
others) 4.27. ~ **itu** that one (as
opposed to others) 3.22. ~ **lalu** (so–
and–so) long ago 8.28. ~ **mana**
which particular one? 8.29. ~
punya rumah landlord 9.43. ~
satu lagi the other one (of two)
8.28.

Yogya *Yogyakarta, a city in Central
Java, a seat of Javanese culture*
5.12.

Yogyakarta *see YOGYA.*

Yos *a name* 24.15.

Yosi *a name* 24.3.

yuk = AYÓ *(in final position)* 12.9.

Yus *a name* 5.4.

Z

zaman = JAMAN 21R1.

zat substance ~ **warna** dye 24R4.

zikir continuously repeat a
religious formula 23R2.

ENGLISH-INDONESIAN GLOSSARY

This list indexes English translations which we have given for Indonesian words in these lessons. It is by no means a complete list of everything the student knows after completing these volumes. Its only purpose is to refresh the student's memory. The exact nuance of the English word which the Indonesian glossary represents can be ascertained only by a comparison with the glossary given in the Indonesian-English section.

A

able bisa, cakap.
about mengenai, tentang.
accidental: **-ly** kebetulan, berketepatan.
according: ~ **to** menurut.
account: **on ~ of** saking, karena, atas.
ache sakit. **tooth ~** sakit gigi.
acquainted kenal, berkenalan.
action perbuatan.
active giat. **-ity** kegiatan.
actually sebenarnya, sebetulnya, sesungguhnya.
add tambah.
address alamat.
admonish bilangi.
adult dèwasa.
advance maju.
advice nasihat.
afford mampu.
afraid takut, kecut hati.
after (doing) sehabis, lepas.
afternoon soré (hari), petang (hari).
against terhadap.
again pula.
agape nganga, ternganga.
ago yang lalu.
agree setuju. **-ment** (kata) sepakat.
air udara.
airletter aèrogramme.
airplane kapal terbang, pesawat terbang.
alarm: ~ **clock** wèker.
alight ~ on menghinggapi.
all semua, segala, seluruh. ~ **the more** makin. ~ **gone** habis.
allow membolèhkan, mengizinkan.
almost hampir, hampir saja.

alone sendiri.
also juga.
although walau(pun).
always selalu, senantiasa.
amazed kagum, takjub.
among antara.
ancient kuno.
and dan, serta.
anger marah. **-y** marah, gusar.
angle penjuru.
angry: see ANGER.
animal: **domestic ~** hèwan.
another lagi, lain.
answer jawab, sahut.
anxious kuatir.
apparently rupanya.
appear: ~ **before** menghadap. **-ance** rupa.
apply melamar. **-icant** pelamar.
appointment janji.
appreciate menghargai.
approach menghampiri, mendekati.
approximately sekitar, kira-kira.
archipelago kepulauan.
area daèrah.
arise timbul.
arithmetic: **do ~** berhitung.
around sekitar. **go ~** berkeliling.
arrange mengurus, mengatur. **-ment** tata.
art (ke)seni(an).
as sebagai. ~ **well** lagi. ~ **if** seolah-olah.
ashamed malu.
ask bertanya.
assign menugaskan.
assistant pembantu.
astonished kagum, takjub.
at pada, di.

attend hadir.
attract menarik. **-ed** tertarik. **-ive**
   menarik.
audible kedengaran.
Australia Australi.
automobile móbil.
average: **on the ~** rata-rata.
aware: **~ of** sadar.

B

baby bayi.
back belakang.
bad jelèk.
bag tas.
ball bola.
bamboo bambu.
banana pisang.
bandage: **to ~** membalut.
bargain tawar.
barrel tong.
basic dasar.
basket keranjang.
bath mandi. **-e** mandi. **-room**
   kamar mandi, kamar kecil. **go**
   to the -room ke belakang.
beach pantai.
bean: **-s** kacang. **-sprouts**
   kecambah.
beard janggot, jènggot.
beautiful indah.
because karena, sebab. **~ of** *see*
   ACCOUNT.
beckon mengimbau.
become menjadi, jadi.
bed tempat tidur. **-sheet** seprèi.
begin mulai. **-ing** permulaan,
   mula.
behind (arse) kedudukan, pantat.
believe percaya. **I don't ~ it!** Masa!
belong: **~ to** punya.
best terbaik.
between antara.
bicycle sepèda.
big besar.
bill bon.
birth: **give ~** bersalin, melahirkan.
   -day (hari) ulang tahun.
bitter pahit.
black hitam.
blade: **~ of knife** mata pisau.

blood darah. **be -y** berdarah.
blue biru. **light ~** biru muda.
board papan.
boasting bual.
boat perahu.
body badan, tubuh, awak.
boil mendidih, merebus.
book buku, pustaka.
born: **be ~** lahir.
borrow pinjam.
boss majikan.
both kedua, berdua, kedua-duaan.
   ~... and... baik... maupun...
bother (go to trouble)
   berpayah-payah, rèpot-rèpot. **~**
   about mempedulikan. **don't ~!**
   tidak usah.
bottom dasar.
boundary batas.
boy cowok. **-friend** pacar.
brains otak.
branch cabang.
brave berani, gagah berani.
brief ringkas. **-ly** pèndèknya,
   pèndèk kata, secara ringkas.
bring bawa, mengantar. **~ forward**
   mengemukakan. **~ home**
   membawa pulang.
broom sapu.
brother: **elder ~** abang, kakak.
   younger ~ adik.
brown coklat.
brows kening.
brush sikat.
building gedung.
bulb: **light ~** bola lampu.
bundle berkas.
bureau biró.
bury makamkan.
bus bis.
business urusan.
busy ramai, rèpot, sibuk.
but tapi, tetapi.
buttocks pantat.
buy membeli.
by olèh.

C

café warung, kedai.
cake kuè.

call memanggil. **a ~** panggilan. **~ out** menyeru.

calm tenang.

can bisa, dapat.

cancel membatalkan.

candidate calon.

capacity kesanggupan. **in the ~ of** sebagai.

capital ibu kota.

capture menangkap.

card kartu.

careful hati-hati.

carpet permadani.

carry membawa. **~ out** melakukan.

case hal. **in that ~** kalau begitu.

casette kasèt.

cashier kasir. **place of ~** kassa.

catch menangkap.

cause menyebabkan.

chair korsi.

champion jagó.

charge dakwaan.

change (money) kembalinya. **to ~** mengganti, merobah.

chaotic tidak keruan.

characteristics sifat.

charcoal arang.

chat mengobrol, omong-omong.

cheap murah.

cheek pipi.

chicken ayam.

child anak.

chin dagu.

China Tiongkok. **-ese** Tionghoa.

chosen terpilih.

cigarette rokok.

city kota.

civil: ~ servant pegawai negeri.

civilization kebudayaan.

classroom kelas.

clean bersih.

clock arloji. **alarm ~** wèker.

close dekat, berdekatan. **-ed** tutup. **-ly** erat.

cloth kain, bahan.

clothes baju, pakaian.

cloudy mendung.

center pusat.

century abad.

certain pasti, tentu. **a ~** suatu. **for ~** secara pasti.

coarse kasar.

coast pantai.

coffee kopi.

coincidental berketepatan.

cold dingin.

colonize menjajah. **-ation** penjajahan.

color warna.

comb sisir.

come datang. **~ home** pulang **~ in** masuk. **~ with** ikut.

commerce perdagangan.

common: ~ people rakyat kecil.

compel memaksa.

complete genap, lengkap. **-ed** selesai, **to ~** menyelesaikan.

composition karangan.

concealed tersembunyi.

conceited sombong.

concerned kuatir.

concerning akan, tentang, mengenai, terhadap.

concise ringkas.

confused bingung.

conscious sadar.

consider (deem) menganggap. (think about) mempertimbangkan.

consist: ~ of terdiri dari (atas).

constitute merupakan.

contact menghubungi. **bring into ~** menghubungkan.

contain mengandung, muat.

contents isi.

continent benua.

continue meneruskan. **-ously** terus-menerus.

contract kontrak.

convey menyampaikan.

cook masak. **a ~** tukang masak.

cookie kué.

copper tembaga.

corn (maize) jagung.

corner penjuru.

cost ongkos.

cotton katun.

country negara, negeri.

couple: married ~ suami-isteri, laki-bini.

coupon, bon kupon.
courage keberanian. **-ous**
   gagah-berani.
course kuliah.
court mahkamah.
cover: a ~ penuntup. **~ over**
   menutupi.
cow sapi, lembu.
cross menyeberang.
crowded ramai, sesak. **very ~**
   penuh sesak.
crush menumbuk.
cucumber ketimun.
culture budaya, kebudayaan.
cup cangkir. **-cake** kuè mangkok.
cure mengobati.
curry kari.
curse sumpah.
cushion bantal, bantal guling.
custom kebiasaan.
cut potong.
cute manis.

D

damaged rusak.
dance tari.
danger bahaya. **-ous** berbahaya.
dare berani. **-ing** keberanian.
dark gelap.
darn menisik.
dashing gagah.
data data.
date janji, tanggal.
daughter anak, putri.
day hari. **the next ~** keèsokan
   harinya.
dead mati, mampus.
dean dèkan.
death kematian. **~ sentence**
   hukum(an) mati.
decide memutuskan. **-sion**
   keputusan, putusan.
decorate menghiasi. **-ion**
   perhiasan.
deed perbuatan.
deem menganggap.
deep dalam.
defend membèla.
delicious ènak, lezat, nikmat,
   sedap.

deliver mengantar.
demand menuntut.
deny menyangkal.
depend tergantung.
depression: be in an economic ~
   melèset.
design corak, pola.
desire hasrat.
desk mèja tulis.
destroyed rusak.
develop berkembang. **-ment**
   perkembangan.
dictionary kamus.
die meninggal, mati, mampus.
different lain.
difficult sukar, sulit. **-y** kesulitan.
dig menggali.
dike pematang.
dinner makan malam.
dipper gayung.
direct langsung.
dirty kotor.
disadvantage rugi.
disappear menghilang.
disappointed kecèwa.
disease penyakit.
dish piring.
dispute sengkèta.
distrust waham.
divide membagi. **~ off**
   memisahkan. **-er** pemisah.
do mengerjakan, bekerja,
   melakukan, berbuat. **~
   something well** pintar.
doctor dokter.
dominate menguasai.
door pintu.
dossier berkas.
drag menyèrèt.
dress baju, rok.
dregs ampas.
drink minum. **-s** minuman.
drip menètès. **~ something**
   menètèskan, melèlèhkan.
drop: ~ in mampir, singgah,
   main-main.
dry kering.
duty tugas.
dwell berdiam.
dye zat warna.

E

ear telinga.
east timur.
easy gampang, mudah.
eat makan. ~ food without rice
 nggadó.
edge pinggir, segi. follow along the
 ~ menyusuri.
education pendidikan.
efficacious mujarab, mustajab.
effort usaha.
egg telur.
eight delapan.
eldest: ~ son or daughter anak
 sulung.
electricity listrik.
else: what ~ apa lagi.
embarrassed malu.
embroider menyulam.
empire kerajaan.
employ mempekerjakan.
empty kosong.
enclose melampiri.
end akhir, ujung.
endeavor usaha.
enemy musuh.
engage: ~ in berusaha.
enjoy senang, menikmati.
enough cukup.
ensue meyusul.
enter masuk.
entertainment hiburan.
entrance pintu masuk.
entwined terjalin.
envoy duta.
equipment perkakas.
era masa, jaman.
especial istimèwa. -ly apalagi,
 terutama.
essence inti sari.
estuary muara.
ethnic: ~ group suku (bangsa).
even rata; juga, pun.
evening soré.
ever pernah.
every tiap, setiap. each and ~
 tiap-tiap. ~ time setiap kali.
evident ternyata.
exact tepat, pas. ~ change uang pas.
 -ly justru, persis.

exams ujian. stand for one's ~
 maju ujian.
example contoh.
except kecuali.
excited meradang.
excuse: ~ me ma'af.
exercise latihan; olah raga.
expansion perluasan.
expenses bèa, ongkos, biaya;
 belanja.
expensive mahal.
experience pengalaman.
expert ahli.
explain menjelaskan,
 menerangkan.
exploit: be -ed tergali.
export èkspor.
extend memperpanjang. -sion
 perpanjangan.
eye mata. -glasses kaca mata.

F

face muka.
fact: in ~ sesungguhnya.
fail gagal.
fall jatuh. ~ asleep tertidur.
family keluarga. the whole ~
 sekeluarga.
famous terkenal, masyhur.
far jauh.
fare ongkos.
farmer petani.
fast I deras; cepat, lekas.
fast II puasa.
fat gemuk.
father bapak, ayah.
faucet keran.
fear takut.
feature corak.
feel rasa, meraba.
female perempuan, putri.
fertile subur.
fetch menjemput.
few sedikit, beberapa.
field lapangan; ladang; jurusan.
fight berkelahi.
figure angka.
fill mengisi, memenuhi.
final terakhir. -ly akhirnya.
find ketemu, dapat.

fine halus; baik. ~ **arts** seni rupa.
finish menyelesaikan. **-ed** selesai.
    ~ **up** menghabiskan.
fire api.
first I dulu.
first II pertama.
fish ikan.
fit cocok. **-ing** patut.
five lima.
fixed tetap, tertentu.
flame menyala.
flat rata.
floor lantai.
flower bunga.
fly lalat. **to ~** terbang.
fold lipat.
follow mengikuti; menyusul.
fond: ~ **of** suka, gemar akan.
food lauk-pauk, makanan. **-stall**
    warung.
foot kaki.
for untuk, buat, bagi. ~ **example**
    misalnya. ~ **sake of** demi. ~
    (so–and–so) long selama. ~
    that reason olèh karena itu.
force memaksa. **-ed** terpaksa.
    -fully deras.
foreign asing.
forget lupa.
fork garpu.
form bentuk. **to ~** merupakan. ~ **to**
    fill out formulir.
formal resmi.
formerly dulu.
forward: move ~ maju.
fountain air mancur.
four empat. **-th** keempat.
frank terus terang.
free merdèka; lepas, terluang.
fresh segar.
friend teman, kawan, handai.
fringe susur.
frog kodok.
from dari.
front depan, muka.
fry gorèng.
full kenyang; penuh.
fun ramai.
function fungsi.
funny lucu.
furniture perabot.

furthermore tambahan lagi.
future: in the ~ nanti. **the ~** waktu
    yang akan datang.

G

gamble main judi.
garbage sampah.
garden kebun, halaman; taman.
garlic bawang putih.
gather berkumpul.
gaze: ~ **at** memandang.
general umum.
get dapat, mengambil. ~ **off** turun.
    ~ **on** naik, menaiki. ~ **up**
    bangun.
gift kadó.
girl wanita, cèwèk. **-friend** pacar.
give memberi, memberikan, kasi.
    ~ **for safekeeping** menitip.
glance mengerling.
glass kaca. **eye-** kaca mata.
    drinking gelas.
glory kejayaan.
go pergi. ~ **along with** ikut. ~ **down**
    turun. ~ **forward** maju. ~ **home**
    pulang. ~ **in** masuk. ~ **up** naik.
goat kambing.
God Tuhan. ~ **knows** wallahu
    alam.
gold emas.
good bagus, baik. **the ~** (welfare)
    kebaikan. ~ **looking** gagah,
    cakep. **-s** harta benda. **-s for**
    sale dagangan.
gosh! waduh! wah! aduh!
government pemerintah.
grade (in school) angka. (rank)
    pangkat.
grammar tata bahasa.
grate memarut. **-r** parutan.
great besar, maha-.
greedy loba.
green hijau. ~ **beans** kacang
    panjang.
greetings salam.
grope meraba.
group golongan.
grow tumbuh. ~ **up** besar.
grumble mengomèl;
    bersungut-sungut.

guarantee jamin, tanggung.
guest tamu.

H

habit kebiasaan.
hair rambut.
half setengah.
hand tangan. **-made** buatan
    tangan. **~ in** menyerahkan.
hang menggantung. **be hung**
    tergantung.
happen terjadi.
hard keras.
harmonious rukun.
harvest panèn.
hate membenci.
have punya. **~ to** harus, mesti.
head kepala; ketua. **~ of river** udik.
healed sembuh.
healthy sèhat.
hear mendengar.
heart (seat of emotions) hati.
heavy berat.
help pertolongan, bantuan. **to ~**
    membantu, menolong. **-er**
    pembantu.
here ini, sini, di sini.
hide: **~ something**
    menyembunyikan **-den**
    tersembunyi.
high tinggi.
highway jalan raya.
history sejarah.
hit memukul.
hold memegang.
home rumah. **go ~** pulang. **-work**
    pekerjaan rumah, PR.
hope berharap. **-fully**
    mudah-mudahan, semoga.
    horsecart sadó.
hospital rumah sakit.
hot pedas; panas; hangat. **~** (of the
    sun) terik.
hotel hotèl.
house rumah.
hour jam.
how? bagaimana.
however akan tetapi.
human: **~ being** manusia.
humble merendahkan diri.

hundred: **a ~** seratus. **-s** beratus.
hung: *see HANG.*
hungry lapar.
hunk bungkah.
hurry: **be in a ~** terburu-buru;
    cepat-cepat.
husband suami.
hut pondok.

I

I saya, aku.
ice ès. **~ cream** ès krim.
if jika, kalau. (supposing that)
    seandainya. (if, when) bila.
ignore menyia-yiakan.
ill sakit. **-ness** penyakit.
immediately segera, terus.
immerse merendamkan;
    mencelupkan. **-sion**
    pencelupan.
immigrant pendatang.
import mendatangkan.
important penting.
impoverished melarat.
impress mengesankan. **-sion**
    kesan. **-sive** mengesankan.
in dalam.
Inc. P.T.
increase bertambah. **-ingly**
    makin.
independent merdèka.
indifferent acuh tak acuh.
individual pribadi.
inexpensive murah.
inflamed meradang.
influence pengaruh.
inform: **~ someone** memberi tahu.
    ~ about memberitahukan.
inhabitant penduduk.
inject suntik.
inside dalam.
install memasang.
installments: **pay by ~**
    mengangsur.
instructor dosèn.
instrument alat. **-s** perkakas.
intention maksud, niat.
interest: **to ~** menarik hati. **-ed**
    tertarik. **-ing** menarik.
intermediary perantara.

international internasiónal.
interview wawancara.
intimate akrab.
introduce memperkenalkan.
investigate menyelidiki.
invite mengundang. ~ **along** mengajak.
iron: ~ **clothes** menyeterika.
island pulau.
isolated terpencil, terasing.

J

jaw rahang.
join: ~ **in** turut.
judge hakim. **to** ~ menghukum.
jump melompat.
just I adil.
just II cuma, hanya. ~ **now** baru saja, baru ini.

K

keep (give for safekeeping) menitip.
key kunci.
kilometer kiló.
kind macam. **of one** ~ seragam.
king raja. **-dom** kerajaan.
knife pisau.
knock ketuk.
know kenal; tahu. **as far as I** ~ setahu saya. **be -n as** dikenal sebagai. ~ **one's place** tahu diri. **-ledge** pengetahuan, ilmu.

L

lampu lamp.
ladder tangga.
land tanah; darat, daratan.
lane jalur.
language bahasa.
last ~ (month, year) (bulan, tahun) yang lalu. ~ **night** tadi malam.
late terlambat. ~ **at night** malam. **-r** nanti, kemudian.
laugh tertawa. ~ **boisterously** terbahak-bahak. (giggle) ter-kekeh-kekeh. **-ter** tertawa, gelak.

laundry cucian. **-man** tukang penatu.
law hukum.
lazy malas.
leap melompat.
lease mengontrak.
leave berangkat, pergi, meninggalkan.
left I tertinggal. ~ **over** sisa, bekas.
left II kiri.
left III *see LEAVE.*
less kurang. **become** ~ berkurang.
let: ~ **it be** biar. ~ **us** mari, ayó.
letter I surat. ~ **of introduction** surat keterangan.
letter II huruf.
library perpustakaan.
lie berbohong. **a** ~ bohong.
life hidup, hayat.
lift mengangkat.
light I menyalakan.
light II ~ **(blue, red, etc.)** biru, merah, dll. muda.
lightning kilat.
like I gemar akan, senang, suka.
like II seperti, kayak. ~ **this** begini. ~ **that** begitu.
limit batas. **-ed** terbatas.
line garis. **be in** ~ antrè.
liquid cairan.
list daftar.
listen mendengarkan.
little kecil.
live hidup. ~ **in a place** berdiam, tinggal di, menetap di.
livelihood pencarian.
lively lincah.
liver hati.
load muat.
locate: **be -ed** terletak. **-tion** letak, tempat.
long lama, panjang. **so** ~ **as** asal, pokoknya.
look: ~ **at** memandang, meninjau. ~ **for** mencari.
lose rugi, kerugian.
loss rugi. **be at a** ~ **for what to do** bingung.
lost hilang, menghilang.
loud keras.

love cinta, sayang, kasih sayang.
   fall in ~ jatuh cinta.
low rendah.
Ltd. P.T.
luck untung. **bad ~** celaka.
luxurious mèwah.

M

machine pesawat.
magazine majalah.
majority kebanyakan.
main: the ~ thing pokoknya.
make membikin, membuat. **~ fun**
   of ngelèdèk, mempermainkan.
Malay Melayu.
male laki-laki, pria.
man laki-laki, bapak.
manager menejir.
manner cara.
many banyak.
market pasar.
married kawin, nikah.
masculine laki-laki, pria.
massage pijit.
mat tikar.
material bahan.
matter hal. **it doesn't ~** tidak
   apa-apa.
mattress kasur.
May Mèi.
may bolèh.
maybe barangkali, mungkin.
me saya.
mean: -ing arti: maksud. **have a**
   -ing berarti. **~ to do something**
   dengan sengaja.
measure mengukur.
meat daging.
medicine obat.
meditate tafakur.
meet bertemu. **go to ~** menemui.
meeting rapat.
member anggota.
mention menyebut. **above -ed**
   tersebut.
merchandize jagal.
merchant pedagang, saudagar.
mercy rahmat.
merely cuma, se-mata-mata.
middle tengah-tengah.

midnight tengah malam.
midwife bidan.
mine I tambang.
mine II saya punya, punya saya.
mineral mineral.
minute menit. just **a ~!** sebentar!
mirror kaca.
mistake kesalahan. **make a ~**
   salah.
mix mencampur. **-ed** bercampur.
moan mengerang-erang kecil.
modest: be ~ merendahkan diri.
molten cair.
moment saat.
money uang, duit.
monkey kera.
month bulan. **next ~** bulan depan.
mop pèl.
more lagi, lebih.
morning pagi.
mosquito nyamuk. **~ net** kelambu.
most paling.
mother ibu.
motorcyle sepèda motor.
moustache kumis.
mouth mulut. **~ of a river** muara.
move pindah, beranjak; bergerak.
   -ment gerak. **-ments**
   gerak-gerik.
movie filem. **-house** bioskóp.
mud lumpur.
murder membunuh. **-er** pembunuh.
must harus, mesti.
my saya.

N

naked telanjang.
name nama.
namely yaitu.
napkin serbèt.
nation negara, negeri, bangsa.
   -ality kebangsaan. **-al**
   nasiónal.
nature I alam.
nature II sifat.
naughty nakal.
near dekat.
neat rapih. **-ness** kerapihan.
necessary perlu.
necessity perlu, keperluan.

need perlu, memerlukan.
neighbor tetangga.
nerve I urat.
nerve II (daring) keberanian.
never belum, tidak pernah. ~
  mind! biarlah!
nevertheless juga, bagaimanapun
  juga.
new baru.
news kabar.
next: ~ **year** tahun yang akan
  datang. tahun depan, tahun
  muka. **the ~ day** hari èsoknya.
nice: **-looking** bagus.
night malam. **spend the ~**
  menginap.
nine sembilan.
no tidak, bukan.
noon tengah hari, siang.
normal biasa.
north utara
nose hidung.
note mencatat.
nothing: **have ~ to do** menganggur.
November Novèmber.
now sekarang. **just ~** baru ini.
  right ~ sekarang ini.
number nomor.
nurse jururawat. **to ~** merawat.
nylon nilon.

O

oath sumpah.
objections: **have ~** keberatan.
observe meninjau.
obtain mendapat.
obvious nyata, ternyata.
occupy menempati.
o'clock: **be X ~** jam, pukul X.
October Október.
of dari. **~ course** tentu saja.
offer menawar.
official resmi. **an-** pejabat,
  pegawai.
office kantor.
often seringkali. **do ~** suka.
oil minyak.
on di atas. **~ the contrary** malah.
once sekali. **at ~** segera.

one satu. **~ another** saling. **~ by ~**
  satu-persatu. **~ of the** salah satu,
  sala seorang.
onion bawang mèrah.
only hanya, cuma, baru, saja,
  se-mata-mata.
open: **be ~** buka. **~ something**
  membuka. **come ~** terbuka.
opinion pendapat.
opportunity: **have an ~** sempat.
oppose melawan. **-ition**
  perlawanan.
opposite lawan.
oppress menindas.
order I tata **be in ~** bèrès, teratur, **put
  in ~** mengatur.
order II perintah; pesan, pesanan **to
  ~** memesan. **~ someone**
  menyuruh, memerintahkan.
origin asal, tempat asal. **-al** asli. **-s**
  asal mula.
outside luar.
over atas.
overseas luar negeri.
own mempunyai **-er** yang
  empunya.

P

pack bungkus. **-age** bungkusan.
pain sakit.
paint melukis.
pajamas piyama.
pants celana.
papaya pepaya.
paper kertas. **-s** koran; berkas.
park I **to ~** parkir. **-ing place** tempat
  parkir.
park II taman.
party pèsta.
pass: **to ~** melèwati, lèwat **~ exams**
  lulus.
passenger penumpang.
passport paspor. **~ photograph**
  pasfótó.
past lèwat, lampau.
paste, pasta, lèm.
patient sabar.
pattern pola.
pay membayar. **-ment** bayaran. **~
  attention to** mempedulikan.

peaceful damai.
peak puncak.
peanut kacang tanah.
pearl mutiara.
peel kupas.
pen pulpèn. **ballpoint** ~ bolpoin.
pencil pènsil.
penetrate meresap.
people orang, rakyat. **common** ~
  rakyat kecil.
pepper lombok.
per per.
performance pertunjukan.
perhaps barangkali, mungkin.
period I titik.
period II jaman (length of time)
  jangka.
permanent tetap.
permit membolèhkan,
  mengizinkan. **-sion** izin. ~ **to**
  leave permisi.
person orang. **-al** pribadi.
petroleum minyak tanah.
phase taraf.
philosophy filsafat.
photocopy pótókopi.
photograph pótó.
piano pianó.
pick ~ **pockets** mencopèt. ~ **someone**
  up somewhere menjemput.
pickles acar.
picture gambar.
pillow bantal **-case** sarong bantal.
pineapple nanas.
pity kasih, rahmat. **have** ~ kasihan
  pada **it's a** ~! sayang!
place tempat. **to** ~ menaruh. ~
  before someone menyuguhkan.
plain sederhana.
plan acara, rencana.
plank papan.
plant tanaman. **to** ~ menanam.
plate piring.
play main. **-er** pemain.
pleasant nikmat.
please silakan, tolong, coba.
plural: ~ **marker** para.
pocket saku.
point titik. (end) ujung. ~ **to**
  menunjuk. **to the** ~ **that** hingga,
  sampai.

poison racun.
police polisi.
polish: ~ **shoes** menyemir sepatu.
political pólitik.
politics pólitik.
pomelo jeruk bali.
pond kolam.
poor miskin, melarat.
portfolio map.
portion bagian. **a** ~ sebagian.
Portugal Portugis.
possession kepunyaan.
possible bisa, mungkin. **-ity**
  kemungkinan.
post: ~ **office** kantor pos. **-card**
  kartu pos.
postpone menunda.
potato kentang.
pound menumbuk. **for heart to** ~
  berdebar-debar.
pour: ~ **into** menuangi.
power kuasa.
praise memuji.
pray berdo'a, mendo'a,
  bersembahyang. **-er**
  sembahyang, do'a. **evening** ~
  (sembahyang) isya, magrib.
precisely justru, persis.
prepare menyediakan. ~ **oneself**
  bersiap-siap **-ation** persiapan.
present I kadó.
present II **be** ~ hadir.
press menekan.
pretend pura-pura.
pretty cantik.
price harga, rega. **fixed** ~ harga
  pas.
prick mencocok.
principal utama.
print mencètak.
prison tutupan. **-er** orang
  hukuman.
private partikelir, swasta; pribadi.
probably barangkali.
problem so'al, perso'alan.
produce menghasilkan.
product hasil.
profit untung.
program acara, rencana.
progress: **make** ~ maju. **-ive**
  prógrèsif.

prominent utama.
proof bukti.
property kepunyaan.
propose mengajukan,
   mengemukakan.
prosper: -ous makmur. **-ity**
   kemakmuran.
protect melindungi.
prove membuktikan.
public orang banyak, umum.
pull menarik. **~ out** mencabut.
pupil murid.
purple ungu.
push mendorong. **~ down on**
   menekan.
put kasi, menaruh. **~ down**
   menaruh, meletakkan. **~ in**
   kasi masuk. **~ in its place**
   memasang. **~ on** ada-ada saja.

Q

quality kwalitas, mutu.
quarrel sengkèta. **to ~** bertengkar.
question pertanyaan. **to ~**
   mempertanyakan.
quick cepat, lekas. **-ly** cepat-cepat,
   lekas-lekas.
quiet diam, sepi, tenang.

R

race bangsa, suku bangsa.
rag lap.
rain hujan.
raise membesarkan.
rare jarang.
rather agak, juga.
razor pisau cukur.
reach mencapai. **~ a time**
   menjelang.
read membaca.
ready sedia, siap.
recently akhir-akhir ini,
   baru-baru ini.
receive menerima.
recovered sembuh.
red mèrah.
reference rèfèrènsi.
refined halus.
region wilaya, daèrah.

regret menyesal.
religion agama.
religious: ~ duties ibadah.
remain tinggal. **-s** sisa.
remember ingat.
remove membuangkan.
rent menyèwa.
repeat berulang, mengulangi. **~ a**
   religious formula zikir.
reply menyahut, menjawab.
reporter wartawan.
republic rèpublik.
request permohonan, permintaan.
   to ~ minta, mohon.
resources sumber.
respect menyegani. **be -ful** segan.
respectively masing-masing.
responsible bertanggung (jawab).
restaurant rèstoran.
result hasil. **bad ~** akibat. **with the**
   ~ that sehingga.
retail ècèran.
retired pènsiun.
return kembali.
rhythm irama.
rice: cooked ~ nasi. **husked ~**
   beras. **unhusked ~** padi. **~ bowl**
   mangkok. **~ field** sawah.
rich kaya.
ride naik. **~ in someone's vehicle**
   menumpang.
right I kanan.
right II cocok; tepat; betul.
river sungai.
road jalan.
rock batu.
role peranan.
roof atap.
room bilik, kamar, ruang(an).
   living ~ kamar tamu.
rotate memutar.
rough kasar.
rub gosok. (**massage**) memijit.
rubber karèt.
rug permadani.
run berlari. **-ing water** air lèding.

S

sad sedih.
safe aman, selamat.
sail berlayar. **-or** pelaut.
salt garam. **-y** asin.
same sama.
satisfied puas; kenyang.
Saturday hari Sabtu.
saucer lèpèk.
save menyimpan, menitip.
say bilang, ujar.
scattered bertaburan.
scenery pemandangan.
schedule jadwal.
scholar sarjana. **-ship** bèasiswa.
school sekolah.
science ilmu. **-tific** ilmiah.
scissors gunting.
scream menjerit, berteriak, memekik.
sea laut. **-s** lautan.
seal cap.
search pencarian. **to ~ for** mencari.
season musim.
second (yang) kedua.
secretary sèkrètaris.
see melihat.
seek mencari.
seem kelihatannya, rupanya.
seep: ~ in meresap.
seldom jarang.
self diri, sendiri.
sell menjual.
send mengirim.
sentence hukuman.
separate memisahkan.
serious: -ly ill parah.
servant pembantu.
serve membantu.
serve melayani. **~ food** menghidangkan.
settle menentukan.
seven tujuh.
several beberapa.
shady teduh.
shallow dangkal.
shaman dukun.
shape bentuk. **be -ed** berbentuk.
shave bercukur, mencukur.
sharp tajam.

shelter: take ~ berteduh.
ship kapal.
shirt kemèja.
shoe sepatu.
shop kedai, toko. **to ~** berbelanja.
short pèndèk. **in ~** pèndèk kata, pèndèknya.
should seharusnya.
show pertunjukan. **to ~** menunjukkan. **~ off** memperagakan.
shower pancuran.
shrimp udang.
shy malu.
sick sakit. **be ~ of** bosan.
side sebelah, samping; segi.
simple sederhana; mudah, gampang.
silver pèrak.
since sejak.
Singapore Singapura.
sip menghirup.
sister: elder ~ kakak. **younger ~** adik.
sit duduk. **~ with legs together on ground** bersimpuh.
situation keadaan.
six enam.
size ukuran.
skillful cakap, tangkas; pintar.
skinny kurus.
skirt rok.
sleep tidur. **-y** nyantuk.
slender langsing.
slice menyayat. **get -ed** tersayat.
slide meluncur.
slip tergelincir. **-pery** licin. **~ away** melèsèt.
slow lambat, pelan. **-ly** pelan-pelan.
small kecil.
smart pintar.
smarting pedih.
smell: (stink) berbau. **~ something** membaui.
snack jajan.
so begitu. **~,...** jadi,... **~ and ~ much** sekian. **~ that** agar, supaya.
soap sabun.
society masyarakat.
socks kaos kaki.

soda sóda.
sofa sófa.
soil tanah.
solution larutan.
sometimes kadang-kadang.
son anak, putra.
sound bunyi.
soundly: ~ asleep nyenyak.
soup sop. bean thread ~ sótó.
source sumber.
south selatan.
souvenir olèh-olèh.
soybean: ~ cake tahu, témpé.
Spain Spanyol.
speak berbicara. ~ Indonesian
    berbahasa Indónésia.
spend membelanjakan.
spice rempah. -s bumbu. -y pedas.
spoiled manja.
sponsor sponsor. to ~ mensponsori.
spoon sèndok.
sports olah raga.
spread menyebar.
square empat persegi.
squash labu.
staff staf.
stamp cap. postage ~ perangkó.
stand berdiri.
startled terkejut.
starved kelaparan.
state negara.
station setasiun.
stay tinggal.
steal mencuri.
step langkah. ~ on menginjak.
steps tangga.
stew gulai, kari.
stick I melekat.
stick II batang.
still I masih.
still II sepi.
stingy kikir.
stomach perut.
stone batu.
stop berhenti, terhenti.
store I toko.
store II menyimpan.
story ceritera. tell a ~
    menceriterakan.
straight: ~ ahead terus saja.
straits selat.

strange anèh.
strong kuat.
student mahasiswa.
study belajar.
stupid bodoh.
substance zat.
succeed berhasil.
success berhasilnya.
sudden mendadak. -ly tiba-tiba.
suffer: ~ from pain melarat.
sufficient cukup.
sugar gula.
suitcase koper.
sum jumlah.
sun mata hari.
Sunday hari Minggu.
suppose menyangka.
surprised hèran.
suspect mencurigai. be suspicious
    curiga.
suspicion waham, curiga.
suspicious, suspicion: see
    SUSPECT.
swarm berkeliaran.
sweep sapu.
sweet manis.
swim berenang. -suit swèmpak.
system tata, sistèm.

T

table mèja. dining ~ mèja makan.
    -cloth taplak mèja.
tail èkor.
take mengambil. ~ home
    membawa pulang. ~ more
    tambah lagi. ~ one's chances
    untung-untungan.
talent bakat. be -ed berbakat.
talk bercakap-cakap, omong.
tall tinggi.
tamarind asam.
task tugas.
taste rasa. (fashion, music, etc.)
    selèra. to ~ mengecap,
    mencoba.
taxes pajak.
tea tèh.
teach mengajar. -er guru.
technique tèknik.
telephone menèlpon.

tell berceritera, menceriterakan. **~ someone to do something** menyuruh.
term sebutan.
terminal terminal.
test tès, ujian.
than dari, daripada.
thank: ~ God! Syukur! **~ you** terima kasih. **-s to** berkat.
that bahwa.
theater: movie ~ bioskóp.
their merèka.
then lantas.
there situ, sana, di situ, di sana. **~ is** ada. **~ it is!** itu (ini) dia!
therefore jadi.
they merèka.
thick tebal.
thin kurus.
thing barang, benda.
think mengira, berpikir, menyangka. **~ back on** mengingat.
thirsty haus.
thorn duri.
though biarpun.
thought pikiran.
thousand -s ribu.
thread benang.
three tiga.
throughout: ~ the length of sepanjang.
throw: ~ away membuang.
thunder gemuruh.
thus begitu, demikian.
ticket karcis, tikèt.
tickle geli.
tidy rapih. **-ness** kerapihan.
tightly erat.
time waktu, saat. **at that ~** pada waktu itu. **have ~** sempat. **on ~** pada waktunya. **some other ~** lain kali saja. **take ~** makan waktu. **what ~ is it?** jam berapa? **-s** kali.
tip ujung.
tired letih, capai. **be ~ of** bosan dengan.
today hari ini.
tomorrow bèsok.

tonight nanti malam, sebentar malam.
too terlalu.
tool alat. **-s** perkakas.
tomato tomat.
tooth gigi. **brush one's ~** sikat gigi. **-brush** sikat gigi. **-paste** pasta gigi.
top atas; puncak.
torn sobèk.
total jumlah. **~ up** menjumlahkan.
tough: act ~ sok jagóan.
tourist turis.
towel handuk.
trade dagang.
traffic lalu lintas.
train kerèta api.
trash sampah.
travel melawat. **-er** musafir.
treat I traktir.
treat II mengobati, menyembuhkan.
tree pohon.
tremble gemetar.
trial pengadilan.
tribe suku.
trip perjalanan.
trouble merèpotkan.
trousers celana.
true benar, betul, sungguh.
try mencoba.
tub (tank) bak.
turn membèlok; memutar. **~ out** jadi.
TV TV.
two dua.
tycoon cukong.
type macam, jenis.

U

uncle óm, paman.
under di bawah.
understand mengerti.
underwear pakaian dalam.
unemployed nganggur.
unnecessary: do -ily... segala.
until hingga, sampai.
up: it's ~ to terserah.
use guna. **to ~** memakai, menggunakan. **-d** bekas. **-d up**

habis. **be -d to** biasa. **-ful**
berguna.
usual biasa. **-ly** biasanya.

V

vacation liburan.
value nilai. **know the ~ of**
menghargai.
various berbagai-bagai,
bermacam-macam.
vegetable sayur. **-s** sayur-sayuran.
vegetation tumbuh-tumbuhan.
vehicle kendaraan.
vein urat.
very sekali, bukan main! **~ much**
amat, sangat.
view pemandangan. **-point**
pandangan.
village dèsa, dusun, kampung.
visible kelihatan, tampak.
visit kunjungan. **to ~** bertamu,
mengunjungi.
voice suara.

W

wait menunggu.
waiter pelayan.
wake bangun.
walk berjalan.
wall tèmbok.
wallet dompèt.
wander mengembara.
want mau, ingin.
war perang.
wardrobe lemari.
wash mencuci. **~ off** membasuh.
watch I menonton. **~ out!** awas!
watch II jam tangan, arloji.
water air. **holy ~** tirta. **running ~**
air lèding.
watts watt.
wax lilin.
way cara.
wealth kekayaan. **-y** berada, kaya.
wear memakai.
Wednesday hari Rebó.
week minggu.
welfare kebaikan.
well I baik-baik.
well II sumur.
west barat.

wet basah.
what? apa? **~ for?** buat apa?
wheel roda.
when kapan, kalau, waktu, ketika,
bila. **-ever** apabila.
where? di mana?
whereas sedangkan.
which: ~ one? yang mana?
while sedang, sambil. **in a little ~**
sebentar lagi.
white putih.
who? siapa?
whole seluruh.
why? mengapa? kenapa?
wide luas, lèbar.
widow janda.
wife isteri, bini. **husband and ~**
laki-bini, suami-isteri.
will mau, akan. **-ing** bersedia.
win menang.
wind angin.
window jendèla. **ticket ~** lokèt.
wipe mengelap. **~ out** memupus.
with dengan, sama, serta. **-out**
tanpa.
woman wanita. **young ~** cèwèk.
wood kayu. **-s** hutan.
word kata, sebutan.
work pekerjaan. **to ~** bekerja. **put to**
~ mempekerjakan. **-er** tukang.
-s karya.
world dunia.
worse: get ~ and ~ menjadi-jadi.
wound luka.
wrap membungkus. **~ for**
membungkuskan.
write menulis. **-ten** tertulis.

Y

yam (sweet potato) ubi.
year tahun.
yell menjerit, berteriak, memekik.
yellow kuning.
yes ya. **~, that's true** mèmang.
yesterday kemarin. **the day before**
~ kemarin dulu.
yet: not ~ belum.
you engkau, kamu.
young muda. **-est child** anak
bungsu.

INDEX

Reference is to the grammar sections. The number preceding the the period is the chapter number and the references following the period identify the section.